PROF. DR. MICHAEL HAMM
FRIEDRICH BOHLMANN

- Über 250 neue und unkomplizierte Rezepte
- Dauerhaft schlank ohne Kalorienzählen
- Von Testpersonen erfolgreich durchgeführt

Inhalt

Erfolgreich abnehmen

Ideal abnehmen

Speisekammer

Wir haben's geschafft

Die Ideal-Diät-Rezepte

Die Ideal-Diät-Tabelle

Zum Nachschlagen

Dies ist mehr als nur ein Kochbuch zum Abnehmen. Mit diesem Buch lernen Sie ein rundum alltagstaugliches Praxisprogramm kennen, mit dem Sie sich einfach von Ihren überflüssigen Pfunden dauerhaft verabschieden können. Es bietet eine riesige Auswahl an Rezepten, die schnell zubereitet sind, und viele praktische Tipps für eine gesunde, fett-, kohlenhydrat- und vor allem figurbewusste Ernährung. Kochen Sie sich schlank! Suchen Sie sich ganz nach Ihrem Geschmack ein Frühstück aus, und wählen Sie pro Tag zwei Hauptmahlzeiten, am besten so, dass Sie eines mit in die Arbeit nehmen können. Zwischendurch gönnen Sie sich zweimal täglich Obst, fettarme Milchprodukte oder einen der Snacks und Drinks. Dabei bringen Sie, ohne den Körper zu belasten, Ihre Pfunde kräftig zum Purzeln.

Wir haben's geschafft

Erprobt und für gut befunden

Das Besondere an der Ideal-Diät: Probanden testen sie vorher ganz genau aus, treffen sich und berichten von ihren Erfahrungen. Sie prüfen, ob die Rezepte so einfach und schnell sind, dass sie dem Alltagsstress standhalten. Sie notieren, wie sich die Gerichte noch verbessern lassen. Und sie tragen mit ihren praxiserprobten Erkenntnissen so manchen wertvollen Tipp bei, von dem auch dieses Ideal-Diät-Kochbuch profitiert. Gleichzeitig achten die Diät-Tester darauf, ob die Diät schmeckt, den gewünschten Abnehmerfolg bringt und auch für Berufstätige umsetzbar ist. Entstanden sind dabei viele Anregungen, die alle in diesem Buch enthalten sind.

Diät mit nachhaltigem Erfolg

Dass diese Diät nicht nur kurzfristig das Gewicht senkt, beweisen drei Tester, die schon beim ersten Buch vor einem Jahr mitwirkten. Sie konnten ihr Wunschgewicht halten oder sogar noch weitere Kilo verlieren. Iris ist jetzt mit der Ideal-Diät insgesamt 23 Kilo leichter geworden. Und will weitermachen. Mit der Ideal-Diät lernen Sie, Ihre Ernährung langfristig so zu verändern, dass Sie schlank werden und auch bleiben, weil kein Diätfrust aufkommt und Sie weiterhin genießen dürfen.

Weniger Gewicht, mehr Gesundheit

Karl-Heinz gelang es, mit der Ideal-Diät seine Blutfettwerte deutlich zu verbessern. Ursache sind neben den vier verlorenen Kilo die vielen gesunden Lebensmittel und Rezepte, in denen Fette und Kohlenhydrate ganz bewusst ausgewählt wurden. Das senkt neben dem Gewicht auch einen hohen Cholesterinspiegel. Zudem bekommt der Körper mit viel Gemüse und Obst aus der Ideal-Diät reichlich Powerstoffe für ein starkes Immunsystem. Die schützen vor kleinen Erkältungen und langfristig vor Krebs – wissenschaftlich erwiesen! Aber nicht nur das: Die Vitamine, Mineralstoffe, Spurenelemente und Bioaktivstoffe sorgen für mehr Kraft, Energie und Lebensfreude. Das sagt nicht nur die Wissenschaft, das bestätigen auch unsere Diät-Tester.

Für Kochmuffel geeignet

Das zeichnet die Ideal-Diät aus: Alle Rezepte sind für eine Person geeignet, keines braucht mehr als 30 Minuten reine Arbeitszeit. Die Zutaten bekommen Sie in jedem größeren Supermarkt und auf dem Wochenmarkt. Da kann der Einkauf noch auf dem Heimweg erledigt werden, und das Kochen gelingt fast nebenbei – insbesondere mit den Blitzrezepten. Diese sind auch für Kochmuffel ideal. Und wenn Sie zu mehreren essen, vervielfachen Sie einfach die Zutatenmengen und teilen sich die Arbeit! Ideal-Diät-Testerin Stephanie hat damit sogar ihre Freunde bekocht, die nicht glauben wollten, dass Abnehmen so lecker sein kann.

Dagmar, 47, 176 cm, Debitoren-Buchhalterin, Gewicht gehalten

Seitdem sie vor einem Jahr die Ideal-Diät kennen gelernt hat und damit so viel Energie bekam, dass sich ein ganz neues Lebensgefühl einstellte, erzählt sie jedem von den Vorteilen der Diät. Klar, dass sie auch diesmal wieder als »Diät-Testerin« dabei war. Ihr Motto: Wenn das Gewicht plötzlich wieder ansteigt, lässt sie keinen Frust aufkommen, sondern überlegt, woher die Pfunde kommen. Bei ihr waren Feste und Einladungen kurz hintereinander die Ursache. Jetzt legt sie nach solchen Anlässen ein paar Obsttage ein, um ihr Wohlfühlgewicht wieder zu erreichen.

Wie sind Sie mit der Diät zurechtgekommen? Ich habe längst mein Traumgewicht erreicht, also ging es mir nicht darum, weiter abzunehmen, sondern um noch mehr neue Rezeptideen zu bekommen. Dann wurde ich gefragt, ob ich nicht eigene Rezepte entwickeln könnte. Zuerst wusste ich nicht, ob das wohl klappen wird. Aber dann war ich davon völlig fasziniert und habe oft mit Freunden neue Ideal-Rezepte ausprobiert. Die besten sind in diesem Buch.

Was hat sich während der Diät verändert? Ich habe bereits meine ganze Ernährung umgestellt. Doch diesmal hatte ich viel Spaß daran, nicht mehr nur nach vorgegebenen Rezepten zu kochen, sondern neue Gerichte zu kreieren oder vorhandene in Ideal-Diät-Rezepte umzuwandeln. Außerdem habe ich für mich entdeckt, dass mir oft auch ein einfacher Blattsalat mit Karotten, Paprika oder Gurke und dazu eine Scheibe GLYX-Ideal-Diät-Brot oder ein Fischfilet reicht. Bei meinen vielen Aktivitäten muss es oft schnell gehen – mit solchen Blitzrezepten ist das kein Problem.

Was war für Sie das Beste an der Ideal-Diät? Das Beste an der Diät ist nach wie vor, dass sie für mich zu einer ganz neuen Ernährung wurde, die mich fit und gesund hält. Außerdem habe ich gemerkt, dass ich mittlerweile weniger Zucker brauche, weil mein Geschmackssinn wesentlich sensibler auf Süße reagiert.

Dagmar schwingt gern den Kochlöffel und erfindet Ideal-Rezepte. Damit hält sie problemlos ihr Gewicht.

Nina, 29, 164 cm, Redakteurin, Gewicht gehalten

Vor einem Jahr hat sie die Ideal-Diät bereits gemacht, fünf Kilo abgenommen und ihr Normalgewicht erreicht. Seitdem konnte sie das Gewicht die ganze Zeit problemlos halten.

Wie sind Sie mit der Diät zurechtgekommen? Ich habe nochmals als »Diät-Testerin« mitgemacht, weil es mir beim ersten Mal so gut gefallen hat. Diesmal hatte ich allerdings wenig Zeit zum Kochen, bin oft in die Kantine gegangen, konnte aber auch dort mit viel Gemüse, Fisch, Fleisch ohne Sauce und reichlich Obst die Diät-Richtlinien einhalten.

Was hat sich während der Diät verändert? Wenn mir die Zeit zum Kochen fehlt, ich abends erst nach 20 Uhr nach Hause komme und dann sofort was essen möchte, mache ich mir jetzt keine Käsebrote mehr, sondern schnippele schnell ein paar Früchte klein und mixe sie unter Joghurt, Buttermilch, Quark oder andere Milchprodukte. Dabei kann ich immer wieder neu kombinieren, und es wird nie langweilig.

Die Ideal-Diät gab Nina die Power, im Beruf durchzustarten und trotz Stress kein Gramm zuzunehmen.

Was war für Sie das Beste an der Ideal-Diät? Ich habe mich jetzt mit neuer Mode eingedeckt und fand immer etwas in meiner neuen Größe. Selbst Sachen, die etwas enger sitzen, kann ich seitdem tragen. Beim Klamottenkauf kamen richtige Glücksgefühle auf. Früher, als ich noch einige Kilo mehr wog, ging es mir nie so. Außerdem habe ich gelernt, mich nicht mehr mit Essen zu belohnen. Jetzt mache ich mir nicht mehr mit einer Tüte Gummibärchen oder einem leckeren Menü eine Freude, sondern mit kleinen und großen »Extras« wie hochwertiger Kosmetik oder einem Mini-Trampolin, auf dem ich daheim meinen Pfunden davonspringe.

Iris, 39, 168 cm Sekretärin, – 6 Kilo

Eigentlich wollte Iris an ihren großen Abnehmerfolg von 17 Kilo vom letzten Jahr anschließen. Schon in den Monaten nach der Diät hat sie nach und nach weitere drei Kilo verloren. Doch als sie sich dann als »Diät-Testerin« zur Verfügung stellte, machte ihr ein Kreuzbandriss einen Strich durch die Abspeck-Rechnung.

Wie sind Sie mit der Diät zurechtgekommen? Da ich mich nach meinem Unfall nicht mehr bewegen konnte und Angst hatte, dass ich zunehme, habe ich mich streng an die grünen Rezepte gehalten. Und abends mit viel Gemüse und Fisch keine Kohlenhydrate mehr gegessen. Ich schaffe es auch manchmal ganz gut, das Abendessen ausfallen zu lassen. Da bin ich eisern, denn wieder zunehmen will ich nicht. Der Erfolg blieb nicht aus: Trotz meiner Verletzung nochmals drei Kilo weniger. Habe also insgesamt seit der letzten Diät glücklicherweise sechs Kilo verloren.

Was hat sich während der Diät verändert? Da ich nun weiß, dass bei mir vor allem die Kohlenhydrate aus Brot, Kartoffeln, Knödeln, Nudeln und Süßigkeiten ansetzen, versuche ich ganz bewusst, mich davon fern zu halten. Außerdem lasse ich keine Langeweile aufkommen, die nur zum Essen verleitet. Trotz meiner Verletzung habe ich mit Hanteln oder Flexiband zumindest meine Arm-, Brust- und Rückenmuskeln in Bewegung gebracht.

Was war für Sie das Beste an der Ideal-Diät? Als ich vor Jahren durch einen Unfall ebenfalls lange liegen musste, hatte ich dadurch viel zugenommen. Jetzt konnte ich in der gleichen Situation sogar noch drei Kilo abnehmen.

Trotz geschientem Bein gelingt es Iris mit grünen Rezepten und Hanteltraining weiter abzunehmen.

Hubert, 52, 181 cm
Finanzberater, – 9 Kilo

Als bekennender Butterliebhaber kämpft Hubert gegen seinen Bauchansatz. Vier Kilo gingen schon mal bei einer Kohlsuppendiät verloren. Von der Ideal-Diät wünscht er sich allerdings, dass sie gut schmecken soll, um sie auch längere Zeit durchführen zu können. Schock und Motivation zugleich war für ihn das Foto, das ihn vor der Diät zeigt. Jetzt war ihm ganz klar: Sieben bis acht Kilo müssen runter.

Wie sind Sie mit der Diät zurechtgekommen? Meine Frau hat die Ideal-Diät-Rezepte fleißig nachgekocht und manchmal mit anderen Gewürzen oder Kräutern verfeinert und unserem Geschmack angepasst. Das ist ihr hervorragend gelungen, und ich hatte nie das Gefühl, hungern oder auf irgendetwas verzichten zu müssen. Zwischendurch gab es auch mal was anderes. Wir haben also keinen strengen Diätplan eingehalten. Daher gab es auch nie Durchhänger oder Diätfrust. Ganz im Gegenteil: Trotz der gelegentlichen Diät-Ausreißer stellte sich bei mir ganz schnell der Abnehmerfolg ein. Das hat mich natürlich super motiviert. Und jetzt bringe ich schon neun Kilo weniger auf die Waage, mehr als ich zuvor geglaubt habe.

Die Kombination Fett und leicht verdauliche Kohlenhydrate lässt bei Hubert den Bauchansatz anschwellen.

Was ich aus eigener Erfahrung nicht empfehlen kann: Während des Abnehmens auch noch zu versuchen, den Kaffeekonsum zu drosseln. Ich wollte sehr gesund leben und habe morgens meinen gewohnten Kaffee weggelassen. Doch dann wurde ich mittags ziemlich müde. Und da Kaffee nicht dick macht, habe ich ihn am nächsten Tag wieder getrunken.

Was hat sich während der Diät verändert? Ich habe früher immer reichlich Butter gegessen, heute reicht mir die Hälfte, auch wenn ich Butter weiterhin sehr gerne mag. Daher kann ich mich leider mit Butterersatz nicht zufrieden geben. So habe ich mich bei den geliebten Butterbretzen etwas eingeschränkt, genieße die wenigen aber umso mehr. Außerdem bin ich mittlerweile bei Nudeln und Kartoffeln sehr vorsichtig. Wenn, dann esse ich nur kleine Portionen. Frühmorgens gab es oft ein Joghurt-Müsli mit Äpfeln – daran habe ich mich richtig gewöhnt.

Und mit den verlorenen Kilo wuchs meine Lust auf mehr Bewegung und Sport. Habe häufiger meine Joggingschuhe geschnürt und bin vor der Arbeit gelaufen. Leider hat mein Körper die Fette nicht nur an meiner Problemzone, dem Bauch, eingeschmolzen. Hier hilft vielleicht noch ein gezieltes Bauchmuskeltraining, um mit strafferen Muskeln unschönen Bauchringen entgegenzuwirken.

Was war für Sie das Beste an der Ideal-Diät? Mit neun Kilo weniger kam ich jetzt im Urlaub in Nordtirol bei den Wanderungen und beim Mountainbiken viel besser voran. Meine frühere Fitness ist zurückgekehrt und ich klettere oder fahre nun leichter den Berg rauf. Damit es so bleibt, werde ich die Ernährungsprinzipien der Ideal-Diät beibehalten, wenn auch nicht so streng. Aber auch ohne festen Diätplan wird meine Frau sicher darauf achten, dass ich mein neues Gewicht halte. Damit ich nie wieder so aussehe, wie auf dem ersten Foto, das entstand, bevor ich mit der Diät anfing.

Abgenommen ohne Verzicht: Statt Butter lässt Hubert sich jetzt einen fettarmen Quarkaufstrich schmecken.

Stephanie, 27, 175 cm Redakteurin, – 7 Kilo

Bereits als Kind war sie kräftig gebaut. So bekam sie als Jugendliche Gewichtsprobleme. Immer wieder probierte Stephanie Diäten aus – mal mit mehr und mal mit weniger Erfolg. Doch keine half ihr langfristig, das Gewicht zu halten. So machte sie irgendwann Schluss mit kurzfristigen und einseitigen Abnehmprogrammen, die nur die Gefahr in sich bergen, dass danach das Gewicht schnell wieder ansteigt und man mehr wiegt als zuvor. Eine Freundin empfahl Stephanie die Ideal-Diät als ein ausgewogenes Abnehmprogramm, um fernab von ungesunden Crash-Diäten das Gewicht dauerhaft zu senken.

Wenig Zeit, viel Stress: Da vergisst Stephanie oft, dass sie sich gesund und fettarm ernähren möchte.

Wie sind Sie mit der Diät zurechtgekommen?

Ich wollte gar nicht krampfhaft abnehmen, aber mich durchaus mit einer gesünderen Ernährung beschäftigen. Deshalb hat mich die Ideal-Diät angesprochen. Dann fand ich die Rezepte so abwechslungsreich und dabei alltagstauglich, dass ich sie gut umsetzen konnte. Ich musste nicht unzählige Lebensmittel in Spezialgeschäften oder im Reformhaus einkaufen. Das ist wichtig für mich, weil ich gerade meinen Job gewechselt habe, teilweise noch an zwei Arbeitsplätzen beschäftigt war und daher ziemlich unter Stress stand. Für lange Einkäufe und komplizierte Rezepte fehlt mir die Zeit. Gut gefallen haben mir Rezeptideen, in denen Gemüse und Obst kombiniert wurden. Jetzt sind sieben Kilo weg, genau wie erhofft. Und das, obgleich ich hin und wieder auch geschlampt habe, zum Beispiel wenn ich auf Geschäftsreisen oft im Lokal mit anderen zusammen gegessen habe.

Was hat sich während der Diät verändert? Vor der Ideal-Diät gab es stressbedingt öfter mal ein Sandwich in der Mittagspause oder was Süßes. Die Ideal-Diät hat mein Ernährungsbewusstsein wieder geschärft. Statt eines Desserts gibt es nun einen Espresso und ich nehme bürotaugliche Ideal-Diät-Gerichte mit zur Arbeit. Das werde ich auch weiterhin machen. Jetzt stelle ich mir immer eine Kanne Tee auf den Schreibtisch, so dass ich viel mehr trinke als vorher. Eventuell hilft das auch gegen aufkommenden Hunger, denn den hatte ich nie. Außerdem lösten sich mit der Ideal-Diät und den vielen Gemüse- und Obst-Rezepten meine Verdauungsprobleme wie von selbst. Ich kann mir jetzt den früher notwendigen Pflaumensaft zum Frühstück sparen, und mein Darm kommt trotzdem in Schwung.

Was war für Sie das Beste an der Ideal-Diät? Dass ein paar Hosen, die vorher kaum zugingen, jetzt problemlos und locker sitzen, finde ich gut. Gefallen hat mir an der Ideal-Diät besonders, dass ich damit meine Gäste bekochen konnte. Als ich ihnen sagte, dass das Diät-Rezepte seien, waren sie total erstaunt, weil sie ihnen so gut geschmeckt haben. Ganz wichtig war mir auch, dass ich mich nicht so sklavisch an die Diät halten musste. Ich arbeite gerade sehr viel, da belohne ich mich schon mal mit einem Eis. Aber ich habe immer wieder Lust bekommen, die Ideal-Rezepte zu kochen und bin daher am Ball geblieben.

Und vielleicht das Wichtigste: Ich habe gelernt zu akzeptieren, wie ich bin. So kommt die Idee, ich müsste in Größe 36 wieder hineinpassen, gar nicht erst auf. Das bewahrt mich vor übertriebenen Hoffnungen, die den Frust vorprogrammieren.

Die Ideal-Rezepte sind so schnell zubereitet, dass sich Stephanie jetzt mehr Zeit zum Genießen gönnt.

Karl-Heinz, 48, 183 cm, Maschinenbaumeister, – 6 Kilo

Bei stark erhöhten Blutfettwerten empfiehlt der Arzt, 10 Kilo abzuspecken. Eine Kur bringt 3 Kilo Gewichtsverlust. Mit der Ideal-Diät soll das Gewicht nun allmählich und kontinuierlich weiter runtergehen.

Wie sind Sie mit der Diät zurechtgekommen? Sehr gut, weil ich meine sechs Kilo gemütlich abgenommen habe. Mich streng an eine Diät zu halten, das würde ich nicht durchhalten. Anfangs war ich daher auch bei der Ideal-Diät skeptisch. Doch die Rezepte gelingen sogar mir, weil sie ziemlich einfach sind. Ich brauche nicht viel Zeit und es macht Spaß. Im Urlaub erlaube ich mir trotzdem mal ein Eis oder eine Pizza. Umso überraschter war ich, als sich jeden Monat über ein Kilo weniger auf der Waage zeigte. Dabei hatte ich nie das Gefühl, dass ich etwas nicht essen durfte oder mich kasteien musste.

Viel helles Brot und dazu fette Wurst: Da stiegen bei Karl-Heinz das Gewicht und leider auch die Blutfettwerte.

Was hat sich während der Diät verändert? Ich esse jetzt bewusster. Achte auf versteckte Fette, putze nicht einfach mal so eine Leberkäs-Semmel weg. Eine neue Erfahrung war natürlich auch, dass ich die Ideal-Diät-Rezepte für meine Frau und mich selbst gekocht habe – und das hat tatsächlich geklappt!

Was war für Sie das Beste an der Ideal-Diät? Ich bin absolut glücklich, dass sich meine Blutfettwerte total verbessert haben. Der Arzt ist überzeugt, dass meine neue Ernährung diesen Erfolg gebracht hat. Ich bin mir sicher: 10 Kilo weniger schaffe ich auf jeden Fall!

In ihrem Kiosk ist Brigitte heute von Süßigkeiten umgeben. Da fällt es schwer, immer darauf zu verzichten.

Brigitte, 47, 164 cm Apothekenhelferin, – 4 Kilo

Die Arbeit im Kiosk bringt es mit sich, dass zwei Schokoriegel pro Tag die Regel sind. Über die Jahre haben sich ein paar Kilo zuviel gebildet, sichtbar an kleinen Röllchen um den Bauch. Die sollen jetzt weg.

Wie sind Sie mit der Diät zurechtgekommen? Ich habe noch nie eine Diät gemacht. Doch mit der Ideal-Diät ging es mir wirklich gut. Für unsere Söhne, die bei der früheren fettreichen Hausmannskost bleiben wollten, habe ich extra gekocht. Und mein Mann bereitete für uns beide die Diätrezepte zu. Nur am Wochenende, im Urlaub oder auf Einladungen fiel es mir schwer, mich streng an die Diätprinzipien zu halten.

Was hat sich während der Diät verändert? Als ehemalige Apothekenhelferin habe ich früher viel Süßes gegessen, darauf kann ich jetzt ohne Probleme und ohne jeden Heißhunger auf Süßes verzichten. Hin und wieder genieße ich mal einen süßen Nachtisch. Ich trinke jetzt sehr viel mehr. Wasser mit Zitrone schmeckt mir gut und hilft vielleicht auch, keinen Hunger auf Süßes zu entwickeln. Und ich esse weniger Fett. Oft reicht mir ein Salat mit einer Scheibe Vollkornbrot. Außerdem radele ich viel und bin beim Bergwandern oft in der Natur.

Was war für Sie das Beste an der Ideal-Diät? Ich habe entdeckt, dass ich auch ohne Süßes problemlos auskomme. Das hätte ich mir zuvor nicht vorstellen können. Daher bin ich jetzt meine Röllchen los – genau das, was ich wollte. Auf jeden Fall mache ich weiter mit den Rezepten der Ideal-Diät und mit mehr Bewegung, ein bis zwei Kilo sind eventuell noch drin.

Frisches Obst statt fetter Riegel: Brigitte und Karl-Heinz naschen jetzt süße Früchte, die nicht dick machen.

Erfolgreich abnehmen

Sieben goldene Regeln

Weniger auf der Waage und mehr Spaß am Leben haben – so lässt sich das Konzept der Ideal-Diät am besten zusammenfassen. In diesem Buch erfahren Sie, dass das Konzept in der Praxis sehr einfach und individuell funktioniert, mit Lebensmitteln, die es überall zu kaufen gibt, und leckeren Rezepten, die so simpel sind, dass sie jeder nachkochen kann. Alles wurde von unseren Ideal-Diät-Testern sorgfältig geprüft.
Verlieren Sie Pfund um Pfund und gewinnen Sie dafür Stück für Stück das, was Ihnen vielleicht schon lange fehlt: mehr Energie, weil nach dem Abnehmen der Körper weniger zu schleppen hat. Mehr Genuss, weil kein schlechtes Gewissen das Essen verübelt. Und mehr Lebensfreude, weil Kollegen und Freunde, die Familie, der Arzt und vor allem Sie selbst merken, dass die Ideal-Diät Ihnen gut tut. Das bestätigen die Erfahrungen, begeisterter Ideal-Diät-Tester. Hinter dem Konzept steckt kein Geheimnis, sondern die sieben goldenen Regeln eines guten Abnehmprogramms:

1. Kalorien effektiv einsparen

Da Fette doppelt so viel Kalorien wie Kohlenhydrate und Eiweiß enthalten, nehmen Fettsparer zweimal so leicht ab. Der Erfolg stellt sich schnell ein und motiviert zum Weitermachen. Deshalb wird bei der Ideal-Diät ein besonders wachsames Auge auf den Fettgehalt geworfen, allerdings ohne zu übertreiben: Schließlich braucht der Körper ungesättigte Fettsäuren aus Nüssen, Pflanzenölen und fetten Fischen. Nur bei den gesättigten Fettsäuren, die den Cholesterinspiegel in die Höhe treiben, wird der Rotstift angesetzt. Also: wenig Wurst, kein fettes Fleisch und Käse und Milchprodukten mit niedrigem Fettgehalt.

2. Kohlenhydrate genau beachten

Einige Kohlenhydrate katapultieren den Insulinspiegel im Blut rasant nach oben. Da aber das Insulin den Fettabbau stoppt, torpedieren Sie mit solchen Kohlenhydraten Ihren Abnehmerfolg. Bei welchen Kohlenhydraten Sie vorsichtig sein müssen, zeigt die so genannte glykämische Last, die sich aus dem glykämischen Index berechnet. Dazu mehr ab Seite 20.

3. Täglich zwei Liter trinken

Wechseln Sie ab zwischen Mineralwasser, pur oder mit etwas Fruchtsaft gemixt, Früchte- und Kräutertees. Guter Tipp und oft erprobt: Wenn der berühmte kleine Hunger aufkommt, der Drang nach etwas Süßem immer größer wird, dann greifen Sie statt nach Schokoriegel oder Quarktasche besser zu einem Glas Wasser oder einer Apfelsaftschorle. Beides füllt den Magen, vertreibt dieses undefinierbare Hungergefühl und hat weder Fett noch figurfeindliche Kohlenhydrate mit einer hohen glykämischen Last.

Dagmars Tipp: Einige Spritzer Zitronensaft geben Wasser mehr Geschmack.

Huberts Tipp: Treppensteigen ist kostenloses Fitnesstraining.

4. Genügend Fitmacher essen

Gemeint sind Vitamine, Mineralstoffe und all jene pflanzlichen Powerprodukte, die Ihre Gesundheit stärken. Sich damit reichlich zu versorgen, gelingt nur, wenn Sie möglichst zu jeder Mahlzeit Obst oder Gemüse essen, Vollkornprodukte bevorzugen und auch zwischendurch mal zum Apfel greifen oder eine Orange genießen. Das Gute an Obst und Gemüse: Außer bei Bananen und Avocado belasten normale Portionsmengen weder das Fettkonto noch lässt ihre glykämische Last die Insulinfalle zuschnappen. Sie können also bei Obst und Gemüse das bunte Programm von Ananas bis Zucchini wählen. Das sorgt für Abwechslung.

5. Regelmäßig essen

Umgehen Sie das berüchtigte schwarze Hungerloch, in dem jegliche Vorsätze spurlos verschwinden. Sorgen Sie schon morgens oder spätestens am Vormittag mit einem zweiten Frühstück für genügend Energie, damit Ihr Stoffwechsel auf Touren kommt, Sie fit werden und viele Kalorien verbrennen. Ob Sie regelmäßig Zwischenmahlzeiten einplanen sollten oder drei große Hauptmahlzeiten ausreichen, merken Sie selbst am besten. Sie finden ab Seite 126 viele Snacks, die schnell gemacht, supergesund und absolut figurfreundlich sind. Damit können Sie zwischendurch aber auch mit einem Dessert nach dem Mittagessen Ihren Süßhunger stillen. Was Sie jedoch unbedingt vermeiden sollten: ständig zwischendrin naschen. Das hält den Insulinpegel oben und blockiert den Fettabbau.

6. Schnelle Rezepte für den Alltag

Wer kann heute noch stundenlang in der Küche stehen? 30 Minuten reine Arbeitszeit reichen für die Ideal-Rezepte in aller Regel aus. Bei manchen kommt noch Back- oder Marinierzeit dazu. Alle Gerichte schmecken so gut, dass sie garantiert nicht an Diät erinnern. Es macht Spaß, mit diesen mehr als 250 Rezeptideen zu lernen, wie jeder fett- und kohlenhydratbewusst essen kann, und zwar für immer – damit Sie Ihr Gewicht auf Dauer verlieren. Wenn Sie für Partner, Familie oder Freunde mitkochen, können Sie die Zutaten entsprechend vervielfachen. Zu fast allen Rezepten finden Sie neben dem grünen Grundrezept eine gelbe oder rote Alternative für jene, die nicht abnehmen wollen. Diese sind auch nach dem Abnehmen ideal, um das Gewicht zu halten und so den gefürchteten Jo-Jo-Effekt geschickt auszuschalten.

7. Mehr Bewegung tut gut

Werden Sie aktiver, dann fällt Ihnen das Abnehmen leichter. Heizen Sie mit reichlich Bewegung Ihren Fettzellen ein, damit sie schneller schmelzen. Nach knapp einer halben Stunde Ausdauersport geht's denen so richtig an den Kragen. Sie sollten sich also eine Bewegung aussuchen, bei der Sie nicht schon nach wenigen Minuten aus der Puste sind. Bleiben Sie den ganzen Tag aktiv: häufiger mal einige Schritte gehen, in der Mittagspause einen zügigen Spaziergang machen und von Auto, Lift oder Straßenbahn umschalten auf Rad, Treppe und Fußweg. Damit aktivieren Sie Ihren Körper.

Fett macht fett

Fettbewusste wählen naturbelassene, hochwertige Pflanzenöle, z.B. Olivenöl.

Unsere Fettdepots sind nichts anderes als hochkomprimierte Kalorienvorräte des Körpers. In einem Kilo Fettgewebe vermag der Organismus zirka 7000 Kilokalorien zu speichern. Wollte er die gleiche Kalorienmenge in Form von Eiweiß oder Kohlenhydraten ablagern, müsste er mehr als doppelt so viel zulegen. Es ist also nur sinnvoll, dass unser Stoffwechsel den Kalorienüberschuss als Fett in die bekannten Problemzonen an Hüfte, Po oder Bauch schickt. Der BMI-Test zeigt Ihnen, ob diese Depots schon so angeschwollen sind, dass Sie abnehmen müssen.

Der Ideal-Tipp

Überprüfen Sie Ihren BMI

Mit dem Body-Mass-Index (BMI) berechnen Sie, ob und wie stark Sie übergewichtig sind. Teilen Sie Ihr Körpergewicht zweimal hintereinander durch Ihre Körpergröße in Metern, z.B.: **85 kg : 1,77 m = 48;**
48 : 1,77 m = 27.
Bei einer Größe von 1,77 m und 85 Kilo beträgt der BMI rund 27. Es gilt:
Untergewicht: bei BMI unter 19.
Normalgewicht: BMI zwischen 19 und 25.
Leichtes Übergewicht: BMI zwischen 25 und 30.
Starkes Übergewicht: BMI ab 30.

Futter für die Fettzellen

Der Körper kann auch Kohlenhydrate und Eiweiße zu Fetten umbauen und über diesen Umweg die Fettzellen füllen. Dafür braucht er reichlich Energie, und erst ein großes Überangebot an Kohlenhydraten oder Eiweißen bringt den Stoffwechsel dazu, daraus nennenswerte Mengen an Fett zu produzieren. Der eigentliche Dickmacher in unserem Essen ist das Fett. Der große Appetit auf fette Speisen, sahnige Saucen und cremige Süßspeisen lässt die Pfunde stetig wachsen. Zu viel davon und das Fett findet ohne Umweg seinen Weg zu den Hüften, lagert sich rund um die Oberschenkel ab oder lässt sich – besonders bei Männern – auch gerne am Bauch nieder.

Problem für Figur und Fitness

Wenn sich die Fettspeicher des Körpers immer mehr wölben, die Kleidergröße steigt und die Waage längst kein Normalgewicht mehr anzeigt, leidet nicht nur die Figur. Ab einem BMI von 30 sollten Sie auf jeden Fall zum Arzt gehen, denn jetzt ist das Übergewicht selbst schon eine Krankheit. Bereits ab einem BMI von 25 riskieren Sie, dass das Herz und die Gefäße auf Dauer schlapp machen, die Gelenke schneller verschleißen, der Blutdruck steigt, die Bauchspeicheldrüse Probleme bereitet und Sie daher an Diabetes erkranken können. Auch das Krebsrisiko nimmt mit steigendem Gewicht zu. Für all diese Körperplagen trägt Fett die Mitverantwortung, wenn nicht gar die Hauptschuld. Doch Fett ist nicht gleich Fett: Fett mit vielen ungesättigten Fettsäuren bereitet keine Probleme. Es sind die gesättigten Fettsäuren, die im Kreuzfeuer von Ärzten und Ernährungswissenschaftlern stehen. Sie stecken vor allem in fettem Fleisch, in Wurst, Butter, fettreichen Milchprodukten und Käse sowie in all den Süßigkeiten und Snacks, die ohne Schokolade, Sahne oder Fett nach nichts schmecken würden.

Fette Fakten:

- ➔ Unser Fettkonsum liegt im Schnitt 30 bis 40 Prozent über den Empfehlungen.
- ➔ Wir verbrauchen pro Tag 800 Kalorien weniger als noch vor 30 Jahren.
- ➔ Mehr als jeder zweite Deutsche ist übergewichtig.
- ➔ Jeder fünfte hat starkes Übergewicht verbunden mit Gesundheitsproblemen.
- ➔ Übergewicht verringert die Lebenserwartung ähnlich wie Rauchen.

Bewusst Fett weglassen

Als Geschmacksträger übernimmt Fett eine ganz besondere Rolle. Die Aromastoffe lösen sich sehr gut in Fett, daher geben Köche gern etwas mehr Butter, Öl oder Schmalz in die Pfanne. Muss eine fettbewusste Ernährung demnach auf Geschmack verzichten? Muss sie natürlich nicht. Bei der Ideal-Diät wird auf hochwertige Pflanzenöle mit vielen gesunden ungesättigten Fettsäuren und auf die besonders wertvollen Fette von Fischen wie Hering, Lachs, Makrele oder Tunfisch gesetzt. Mit ihren Fettsäuren kommt der Cholesterinspiegel wieder in die Balance.
In hochwertigen Ölen lösen sich Aromen genauso gut wie in jedem Bratfett. Außerdem bringen viele naturbelassene, hochwertige Pflanzenöle selbst Geschmacksstoffe mit. Fettbewusst essen nach der Ideal-Diät kann somit besonders lecker und wie eine Vitalkur für Herz und Gefäße sein.

Kein Freispruch für Kohlenhydrate

Noch vor einigen Jahren galt bei den Low-Fat-Diäten die Devise: Mit Kohlenhydraten kann man sich den Bauch voll schlagen, ohne den Abnehmerfolg zu gefährden. Doch die Statistiken in den USA zeigen ein anderes Bild. Dort sank der Fettverzehr und trotzdem stieg die Zahl der Übergewichtigen. Viele Experten geben die Schuld dafür stark gezuckerten Drinks wie Eistees, Limos oder Cola. Sie enthalten zwar kein Fett, doch während der Körper den Zucker verbrennt, schickt er das Fett aus anderen Lebensmitteln sofort in die Fettzellen. Außerdem regt Zucker die Bauchspeicheldrüse an, mehr Insulin auszuschütten. Und je höher der Insulinpegel im Blut, desto sicherer und länger bleibt das Fett in den 30 bis 50 Milliarden Fettzellen, die jeder von uns besitzt. Denn bei einem hohen Insulingehalt deckt der Körper seine Energie fast vollständig durch Kohlenhydrate, die Fette bleiben völlig unbehelligt und jedes Gramm Fett im Essen spiegelt sich auf der Waage wider.

Durst nie mit Softdrinks löschen. Ein Glas Wasser sollte immer griffbereit stehen.

GLYX & glykämische Last

GLYX sichert den Abnehmerfolg

Um zu wissen, welche Kohlenhydrate den Insulinspiegel stark, weniger stark oder nur schwach ansteigen lassen, haben Wissenschaftler den so genannten glykämischen Index (GI oder GLYX) entwickelt. Er zeigt an, wie stark der Blutzuckerspiegel ansteigt, wenn Kohlenhydrate eines bestimmten Lebensmittels gegessen werden. Bleibt der Blutzucker niedrig, dann besteht auch keine Gefahr, dass der Insulinpegel nach oben schießt. Die Bauchspeicheldrüse produziert das Hormon Insulin, um den Zucker aus dem Blut in die Muskeln und andere Gewebe zu transportieren. Viele Kohlenhydrate braucht das Gehirn. Gleichzeitig drosselt das Insulin den Fettabbau. Deshalb sind Lebensmittel mit einem niedrigen GLYX in Kombination mit einer fettbewussten Ernährung ideal, wenn die Pfunde purzeln sollen. Ein weiterer Vorteil geringer GLYX-Werte: Der Heißhunger bleibt aus. Hunger meldet sich unter anderem dann, wenn der Blutzuckerwert in den Keller rutscht, nachdem die Bauchspeicheldrüse den Körper mit Insulin überflutet hat. Lebensmittel mit niedrigem glykämischem Index haben keinen nennenswerten Einfluss auf das Insulin, so dass der Blutzucker gleich bleibt und keine Hungerattacke droht.

Frisches Obst ist ideal für Süßschnäbel. Vorsicht nur bei Bananen!

GLYX ist keine feste Größe

Wie sehr ein Lebensmittel den Zuckerwert im Blut steigen lässt, hängt von vielen Umständen ab. Der Mensch ist keine biochemische, immer identisch ablaufende Maschine und kann auf ein und dasselbe Lebensmittel unterschiedlich reagieren.
Je nachdem wie das Lebensmittel gegessen wird, ob roh oder gekocht, ob mit oder ohne Fett – all das beeinflusst die Schnelligkeit, mit der das Lebensmittel im Darm abgebaut wird und der Zucker ins Blut gelangt. Fett verzögert beispielsweise die Verdauung und senkt damit den GLYX-Wert. Zudem kann ein Lebensmittel wie etwa Reis so unterschiedlich sein, dass sein GLYX-Wert stark schwankt. Je nach Sorte enthält er schwer oder leicht verdauliche Stärke: Amylose oder Amylopektin. Beim Amylopektin liegt der GLYX-Wert weit oben. Bei speziellen Reissorten aus Bangladesh mit viel Amylose halbiert sich der GLYX-Wert. All diese Unwägbarkeiten führen dazu, dass der GLYX-Wert nicht als Zahl angegeben wird, sondern in aller Regel als »niedrig«, »mittel« oder »hoch«. In der Ideal-Diät gibt es dafür drei Farben: Grün, Gelb und Rot. Zur Unterstützung finden Sie eine umfangreiche Lebensmittelliste ab Seite 128.

Mehr Gemüse und Obst

Machen Sie einen Bogen um Lebensmittel mit allzu hohen GLYX-Werten. Also nicht zu oft oder nur ganz geringe Mengen an Beilagen genießen, wie Reis, Kartoffeln und Nudeln. Meiden Sie Weißbrot, und löschen Sie ihren Durst nicht mit zuckersüßen Erfrischungsgetränken. Mit einer Saftschorle gelingt Ihnen das weitaus besser. Kohlenhydrate mit niedrigem GLYX sind dagegen zu empfehlen, schließlich brauchen wir sie als Energielieferanten für Nerven und Muskeln. Kohlenhydratquellen mit einem niedrigen

Der leichte Weg zum Wunschgewicht: mit den richtigen Fetten und Kohlenhydraten.

GLYX-Wert sind Obst (mit Ausnahme von Bananen), Gemüse und Hülsenfrüchte. Auch Vollkornbrote aus sehr grob geschrotetem Mehl mit Ölfrüchten wie Leinsamen, Sesamsamen, Kürbis- oder Sonnenblumenkerne bringen es auf niedrige GLYX-Werte. Der Fettgehalt der Ölfrüchte und die zum Teil noch deutlich sichtbaren Körner verlangsamen die Verdauung. So fließen die Kohlenhydrate aus dem Brot allmählich ins Blut, und der Blutzuckerspiegel steigt nur wenig an.

Glykämische Last in der Praxis

Der glykämische Index gibt an, wie stark der Blutzucker ansteigt, wenn eine bestimmte Menge Kohlenhydrate eines Lebensmittels gegessen wurde. Dieser Wert bezieht sich bei allen Lebensmitteln auf ein und dieselbe Kohlenhydratmenge. So haben Möhren ähnlich wie Kartoffeln einen mittleren GLYX-Wert, doch Kartoffeln bringen es auf dreimal so viele Kohlenhydrate. Diesen wesentlichen Unterschied berücksichtigt nur die so genannte glykämische Last (GL). Dieser Wert hat sich in der Praxis bewährt, weil es bei ihm auch darauf ankommt, wie viele Kohlenhydrate gegessen werden. Dafür multipliziert man den herkömmlichen GLYX-Wert mit der Kohlenhydratmenge der jeweiligen Portion und teilt das Ergebnis durch 100. In der Tabelle ab Seite 128 finden Sie eine Beurteilung vieler Nahrungsmittel übersichtlich nach Lebensmittelgruppen sortiert.
Ob sie je nach glykämischer Last und Fettqualität zum Abnehmen geeignet sind, erkennen Sie an den drei Farben auf den ersten Blick.

Low-Fat-Diät gegen Low-Carb-Diät?

In den USA und jetzt auch in Europa sind nach Zeiten der Low-Fat-Welle Diäten mit wenig Kohlenhydraten (Low Carb) im Kommen. Sie sollen über einen niedrigen Insulinspiegel zum Gewichtserfolg führen. Mittlerweile hat ein Vergleich der Harvard Medical School in Boston ergeben, dass zumindest nach einem Jahr beide Diättypen etwa gleich erfolgreich waren.
Die Ideal-Diät bietet die Vorteile beider weltweit diskutierten Abnehmprogramme. Denn bei der Ideal-Diät geht es nicht darum, wahllos Fett- und Kohlenhydrat-Mengen zu senken. Bei dieser Diät werden die Fette mit vielen ungesättigten Fettsäuren erhöht und jene mit gesättigten Fettsäuren drastisch gesenkt. Bei den Kohlenhydratquellen zeigt die glykämische Last an, was zur Ideal-Diät passt. Zum Abnehmen darf sich jeder aus den grünen Rezepten seinen Abnehm-Speiseplan selbst zusammensetzen. Die gelben Varianten helfen dagegen, das Gewicht zu halten. Außerdem bieten sie die Möglichkeit, schnell etwas für Kinder und Partner auf den Tisch zu bekommen. Die wenigen roten Rezepte sollten die Ausnahme bleiben. Nur wenn Sie viel Sport treiben, können Sie Ihrem Körper mit den schnell verfügbaren Kohlenhydraten der roten Rezepte eine gute Energiequelle und genügend Power für eine Wanderung, einen längeren Lauf oder ein hartes körperliches Training liefern.

Beweglich statt bequem

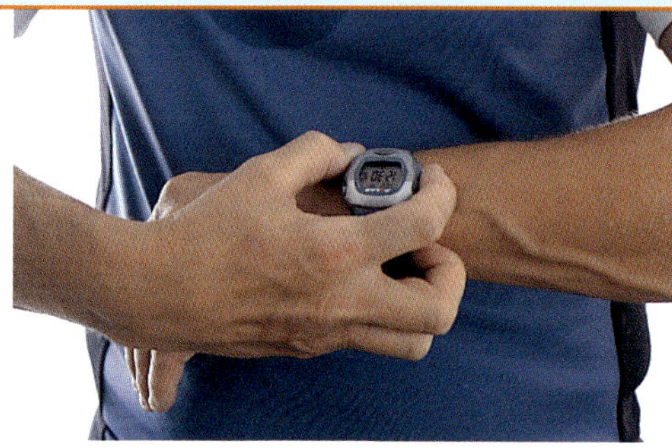

Um beim Sport viel Fett zu verbrennen, darf der Puls nicht zu hoch steigen.

Eines der Grundübel unseres Alltags und neben zu vielen Kalorien vermutlich die wichtigste Ursache fürs Übergewicht: Wir machen es uns zu bequem. Viele sitzen am Arbeitsplatz, auf der Fahrt zur Arbeit und von der Arbeit. Ob beim Treffen mit Freunden, beim Fernsehen, im Kino, beim Telefonieren, Surfen im Internet …, wir bewegen uns nicht, sondern sitzen faul herum. Könnten Sie sich vorstellen, etwas mehr Aktivität in Ihren Alltag einzubauen? Stehen Sie regelmäßig auf, wenn Sie telefonieren. Lassen Sie für kurze Strecken das Auto in der Garage stehen und ersparen Sie sich den Stress mit der Parkplatzsuche! Für zwei bis drei Stockwerke warten Sie nicht auf den Lift. Da sind Sie zu Fuß schneller. Und lassen Sie sich von Fernsehen oder Computerspielen nicht stundenlang zur Bewegungslosigkeit verdammen. Unser Körper ist nicht zum Sitzen gemacht worden. Berücksichtigen Sie das natürliche Bewegungsbedürfnis Ihres Körpers – schließen Sie mit ihm einen fairen Kompromiss: Die gleiche Zeit, in der Sie ihn in der Freizeit vor dem Fernsehen oder dem Computer fast zur Bewegungslosigkeit zwingen, geben Sie Ihrem Körper die Freiheit, sich zu bewegen. Sei es auf dem Heimweg nach der Arbeit, in der Mittagspause oder auf einer größeren Wanderung am Wochenende. Warum gesteht man jedem Tier genügend Auslauf zu, damit es ihm gut geht, aber sich selbst nicht?

Den Pfunden davonlaufen

Verabschieden Sie sich von Ihren überschüssigen Kilos beim Walken, auf dem Fahrrad, während des Spazierganges, schwimmend oder tanzend. Suchen Sie für sich eine Bewegungsform oder Sportart aus, die Ihnen so viel Freude macht, dass Sie sich auch langfristig dafür begeistern können. Wichtig: Sie sollten sich am Stück mindestens 20, besser mehr als 30 Minuten bewegen. Dann holt sich der Körper die nötige Energie vor allem aus seinen Fettreserven. Vorher werden vor allem die schnell verfügbaren Kohlenhydrate verbrannt. Für den Anfang reichen ein regelmäßiger Spaziergang, eine Fahrradtour oder einige ruhige Bahnen durchs Schwimmbecken. So steigern Sie Ihre Kondition und damit Ihre Lebenserwartung. Um sich nicht zu überfordern und damit der Stoffwechsel effizient Fett verbrennt, sollten Sie versuchen, eine bestimmte Herzschlags-Frequenz zu erreichen. Die liegt für jeden in einem etwas anderen Bereich. Der Kasten zeigt Ihnen, wie Sie Ihren optimalen Fettverbrennungs-Puls berechnen.

Der Ideal-Tipp

Messen Sie morgens direkt nach dem Aufwachen noch im Bett liegend Ihren Puls. Das ist die Herzfrequenz in Ruhe ($HF_{in\ Ruhe}$). Damit können Sie nach der folgenden Formel Ihre optimale Herzfrequenz berechnen, die Sie bei Ausdauersportarten zum Abnehmen möglichst genau einhalten sollten:

optimaler Fettverbrennungspuls =

$HF_{in\ Ruhe} + (226^{*} - Alter - HF_{in\ Ruhe}) \times 0{,}6^{**}$

* für Männer 220
** für mittel Trainierte: 0,7
für gut Trainierte: 0,8

Welcher Ausdauersport bei XXL?

Die vom Übergewicht ohnehin schon strapazierten Gelenke sollten beim Sporteln nicht zusätzlich belastet werden. Ein Sportprogramm für Übergewichtige besteht aus schonenden Bewegungen ohne Sprünge, schnelle Stopps oder hastige Aktionen. Wer lange keinen Sport mehr gemacht hat, fragt seinen Arzt, welche Sportart er empfehlen würde und mit welcher Intensität sie durchgeführt werden darf.

➔ Beim Schwimmen trägt das Wasser den Körper, so dass die Gelenke entlastet werden. Außerdem sind die Bewegungen eher ruhig und langsam. Ist also ideal bei Gewichtsproblemen. Einziger Nachteil: Im Badeanzug lässt sich das Übergewicht durch nichts mehr kaschieren.

➔ Auch das Radfahren ist gelenkschonend, denn der Körper wird vom Rad getragen. Die Beine dürfen entspannen und müssen nur für den Antrieb sorgen. Auf längeren Fahrradtouren entlastet ein gebogener Lenker die Handgelenke, weil man seine Armposition auch mal ändern kann.

➔ (Nordic-) Walking ist für die Knie weit besser als Joggen, bei dem die Knochen und Gelenke ständig den Aufprall des Fußes auf den Boden abfangen müssen. Nordic-Walking hat den zusätzlichen Vorteil, dass Sie mit den Armen die Beinarbeit unterstützen können, was wiederum die Gelenke schont.

➔ Wenn Sie sich gerne langsam, zu ruhigen Rhythmen bewegen, wird Ihnen Tanzen gefallen. Gleichzeitig lernen Sie dabei Menschen kennen. Auch damit fällt das Abnehmen leichter.

➔ Eine leichte Gymnastik, die so einfach und trotzdem abwechslungsreich ist, dass Sie die Übungen über 20 Minuten hinweg mit Freude problemlos absolvieren, können Sie in einem Kurs schnell erlernen. Großer Vorteil: Sie brauchen dafür nur eine weiche Matte, etwas Ruhe und schon kann es losgehen.

Mit mehr Muskeln weniger wiegen!

Wenn Sie durch gezieltes Training Muskeln aufbauen, wird Ihnen die Waage zuerst einen geringen Gewichtszuwachs anzeigen. Doch keine Panik! Sie erkennen ja im Spiegel, wo und wie Sie zugenommen haben: Wohl geformt und noch dazu mit dem Effekt, das Muskeln das Gewebe festigen. Doch damit nicht genug. Muskeln machen langfristig das Abnehmen leichter, denn je mehr Sie davon haben, desto mehr Kalorien verbrennt Ihr Körper selbst noch im Schlaf. Dieser so genannte Ruheumsatz macht gut zwei Drittel unseres gesamten Kalorienverbrauches aus und wächst mit steigender Muskelmasse stetig an. Deshalb sollten gerade Übergewichtige einige Kräftigungsübungen in ihr Sportprogramm aufnehmen.

Huberts Tipp: Lieber mäßig, aber regelmäßig sporteln. Dann purzeln die Pfunde.

Kräftigt Muskeln an Oberschenkel und Po

1. In Rückenlage die Füße auf den Boden stellen, die Beine stehen hüftbreit auseinander, die Knie sind etwa 90 Grad angewinkelt. Die Arme liegen gerade neben dem Körper, die Handinnenflächen zeigen nach oben.

2. Bauch, Rücken und Po anspannen, das Becken anheben, bis Oberkörper und Oberschenkel eine Linie bilden. Po ganz fest anspannen, ruhig weiteratmen. Po entspannen, Körper wieder absenken, ohne ganz auf den Boden zu kommen.

3. Die Übung bis zu 20-mal wiederholen, kurz pausieren und ein- bis zweimal weitere 20 Beckenheber durchführen.

Bewegung bringt's

Vorteile körperlicher Aktivitäten:

Sie halten Herz und Kreislauf jung.

Sie straffen durch Muskelaufbau die Haut.

Sie regen Ihre Verdauung an.

Sie stärken Ihr Immunsystem.

Sie aktivieren die Haut-Durchblutung.

Sie bilden mehr Glückshormone.

Sie werden kreativer.

Sie können besser abschalten, werden ruhiger.

Sie erleben Ihren Körper stärker.

Sie spüren bereits kleinste Abnehmerfolge.

Sie entdecken sich selbst.

Kräftigt die Bauchmuskeln

1. Auf den Rücken legen. Die Fersen auf den Boden stellen. Die Hände umfassen den Nacken, die Ellenbogen sind weit nach außen gerichtet.

2. Den Bauch anspannen, die Schultern langsam vom Boden abheben, der Kopf schaut dabei zur Decke, der Rücken bleibt gerade. Den Oberkörper aus dem Bauch heraus nach oben ziehen, wieder absenken, dabei ausatmen. Die Schulter nicht auf den Boden zurückführen.

3. Diese Sit-ups bis zu 20-mal wiederholen, kurz pausieren und ein- bis zweimal weitere 20 Sit-ups am Stück durchführen.

Kräftigt Muskeln an Brust, Schulter und Armen

1. Knien Sie im Vierfüßlerstand. Rücken und Po bilden eine Gerade. Die Arme sind schulterbreit geöffnet, die Fingerspitzen zeigen leicht nach innen.

2. Den Oberkörper im Wechsel heben und senken, dabei Rücken und Bauch angespannt halten, so dass der Rücken immer gerade bleibt.

3. Diese Knie-Liegestützen etwa 15-mal wiederholen, kurz pausieren und noch einmal weitere 15 Knieliegestützen durchführen.

Der Ideal-Tipp

Drei Grundregeln für Sportübungen

- ➔ Wärmen Sie sich zuvor auf, indem Sie beispielsweise auf der Stelle gehen und dabei die Beine bis zum Knie anziehen oder in der Rückenlage mit den Beinen Rad fahren.
- ➔ Machen Sie die Übungen auf einer weichen, rutschsicheren Unterlage.
- ➔ Führen Sie die Übungen langsam, ohne Schwung und ohne reißende Bewegungen durch.

Diätfallen aufdecken

Es gibt 1000 Gründe, warum man an Schokolade, Schweinshaxen oder Schinkennudeln nicht vorbeikommt: Essen dient als Belohnung für gute Tage und Trost für schlechte. Kalorien müssen herhalten, um Langeweile zu vertreiben oder Stress besser zu überstehen. Schluss damit! Wir decken die wichtigsten Diätfallen auf und bieten Erfolg versprechende Verhaltensweisen an, um ihnen gezielt aus dem Weg zu gehen.

Diätfalle: Alles wird anders – und das sofort!

Der erste Tag der Diät startet mit 30 Minuten Frühgymnastik, danach gibt es Beerenmüsli und einen Energydrink, in der Mittagspause wird gejoggt, nach dem Job meldet man sich im Fitnessclub an und abends steht der neue Wok auf dem Herd. Kaum jemand kann diesen Diät-Perfektionismus lange durchhalten, die Diät wird allzu schnell wieder abgebrochen. Fangen Sie einfach an und steigern Sie sich langsam. Wie wäre es, erstmal die Frühstücks-Rezepte und auch die Zwischenmahlzeiten der Ideal-Diät auszuprobieren? Nach und nach stellen Sie auch Mittag- und Abendessen um.

Diätfalle: Waage steht still

In den ersten Tagen purzelten die Pfunde ganz fix. Nach zwei Wochen scheint die Waage keinerlei Abnehmerfolge mehr anzeigen zu wollen. Trotz mehr Bewegung und bewusster Ernährung tagelang kein Erfolg! Bloß jetzt nicht alles hinschmeißen und somit die ersten Erfolge zunichte machen. Ein Körper, der abnimmt, senkt seinen Kalorienverbrauch. Daher wird es mit der Zeit schwerer, immer weniger zu wiegen. Was jetzt hilft: Steigern Sie Ihre Aktivitäten. Gehen Sie neben Ihrer üblichen Bewegung noch zusätzlich ins Schwimmbad, am Wochenende tanzen – und was immer hilft: Kaufen Sie sich einen Hund. Der beste Fitnesstrainer! Und wenn Sie sich regelmäßig bewegen, brauchen Sie keine Waage mehr. Ihr Körper zeigt es sofort, wenn es ihm besser geht.

Diätfalle: Feste und Einladungen ablehnen

Den kalorienträchtigen Verführungen auf Grillfeten, Geburtstagsfesten oder gemütlichen Abenden mit Chips und viel Wein oder Bier wollen Sie sich gar nicht mehr aussetzen. Achtung: Sie könnten damit zum Außenseiter werden. Ebenso, wenn Sie zwar zusagen, aber gleichzeitig fragen, ob es wohl auch Sojawürstchen, kalorienreduzierte Kräcker oder statt Schwarzwälder Kirschtorte einen fettfreien Obstkuchen gibt. Besser: Nicht mit leerem Magen zum Fest gehen und nur in kleinen Mengen genießen. Am nächsten Tag geht es dann mit der Ideal-Diät weiter.

Diätfalle: Restaurant

Leider stehen auf Speisekarten hinter den Gerichten nur die Preise und keine Kalorien. Niemand weiß, wie viel Butter, Sahne und Öl ein gut meinender Koch seinen Gerichten untermischt. Beilagen von Nudelnestern bis Kroketten zählen generell zu den Feinden einer schlanken Linie. Allerdings: Bei Gemüse kann höchstens eine Sahnesauce oder eine allzu groß ausgefallene Butterzugabe den gesunden Genuss schmälern. Mit Fisch oder einem kleinen Steak können Sie hingegen nichts falsch machen. Allein auf die Sauce müssen Sie achten. Enthält sie viel Sahne, Butter oder Öl, eher sparsam genießen und lieber etwas auf dem Teller lassen. Als Vorspeise sei eher ein Blattsalat oder eine klare Brühe empfohlen. Und beim Dessert fragen Sie nach frischem Obst oder einem Obstsalat. Wenn nur Tiramisu oder Schokocreme auf der Karte steht, beschließen Sie das Essen besser mit einem guten Espresso.

Besser eine edle Praline genießen, statt eine Tafel Billigschokolade verdrücken.

Diätfalle: Einsam und hungrig

Allein vor dem Fernseher, Sie wollen ausspannen, faul die Füße hochlegen – dann meldet sich der Magen. Zum Kochen und zuvor noch Einkaufen fehlt jegliche Lust. Jetzt haben Tiefkühlpizzen und alle »Reiß-mich-auf- und Iss-mich-sofort-Packungen« ihre Chance. Doch solche Fix-und-Fertig-Nahrung nimmt leider nur selten Rücksicht auf Ihren Kalorienkampf und kollidiert oft mit Abnehmwünschen. Bauen Sie vor und machen Sie sich auf die Suche nach Fertigprodukten, die wenig Fett und Zucker enthalten und denen schnell verfügbare Kohlenhydrate aus Kartoffeln, Reis oder Nudeln fehlen. Dazu mehr ab Seite 31. Oder Sie haben immer einen vollen Obstkorb mit Äpfeln, Birnen, Pfirsichen, Kiwis, Melonen und Ananas auf dem Sofatisch stehen. Dafür müssen Sie weder zum Tiefkühlfach noch zur Mikrowelle gehen, brauchen Sie nicht mal Teller und Besteck. Kein Fast-Food ist unkomplizierter.

Diätfalle: Frust sucht Seelentröster

Das war heute nicht Ihr Tag. Ärger im Job, privater Stress und Frust machen sich breit. Viele reagieren darauf mit größerem Verlangen nach einem Gaumenkitzel. Sie holen sich die nötige Lebensfreude in Form von Eiscreme, Schokolade, Pommes oder Pizza. Jeder hat so seine Favoriten, um sich ein bisschen aufzubauen. Gut so, Essen ist auch Nahrung für die Seele. Doch machen Sie es jetzt wirklich richtig: Beim Frustessen kommt es nicht darauf an, möglichst viel zu essen, sondern es geht darum, exakt das zu essen, worauf Sie Lust haben. Deshalb überlegen Sie gut, was Ihnen jetzt wirklich am allerbesten schmecken würde. Welche Schokoladensorte, wie muss die Pizza aussehen und welche Eissorte von welcher Marke oder aus welcher Eisdiele kann Ihren Frust am besten zum Schmelzen bringen. Und wenn Sie das exakt wissen, ist ein kleiner Umweg in Ihrem Abnehmprogramm erlaubt, wenn dadurch die Stimmung wieder steigt.

Diätfalle: Süßes, und zwar sofort

Plötzlicher Schlag in die Magengrube mit unverkennbaren Symptomen: Kein Schmerz macht sich breit, sondern das unbedingte Verlangen nach Süßem. Vor dem inneren Auge flimmern Bilder von Schokolade, Sahneeis, Karamell-Pudding und Käsekuchen. Erste Gegenstrategie: Zeit gewinnen, indem Sie schnell ein großes Glas nicht zu kaltes Wasser oder eine Saftschorle trinken. Der Magen füllt sich, das süße Flimmern vor dem inneren Auge verschwindet allmählich. Für solche Notsituationen sollten immer einige Rosinen, Trockenpflaumen oder kandierte Ananasstückchen bereitliegen. Davon auf keinen Fall gleich die ganze Packung essen! Zwei, drei Stückchen reichen, und der akute Süßigkeitsheißhunger verzieht sich wieder.

Diätfalle: Keine Zeit für Bewegung

»Jetzt stelle ich mich in der Ernährung auf mehr Gemüse und Obst sowie auf fettärmere Zubereitung ein, probiere viele neue Rezepte aus – dann auch noch mehr Sport zu treiben, das ist zeitlich einfach nicht drin.« So denken viele, weil sie beim Sport sofort an Fitnessclub, Joggen im Stadtpark oder ans Schwimmen im Freibad denken. Zugegeben, all das kostet oft viel zu viel Zeit. Doch nutzen Sie die Chance, Ihrem Leben mehr Schwung und Tempo zu geben. Denn mehr Bewegung kann auch heißen: öfter mal gehen, stehen und sich strecken als nur zu fahren, zu sitzen und ganz steif zu werden. Dazu brauchen Sie keine Minute länger. Wenn Sie Spaß an kleinen Alltagsaktivitäten entwickeln, holen Sie auch schnell mal das Rad heraus, wenn Sie rasch zur Post müssen. Oder machen Sie abends noch einen Spaziergang, um besser abzuschalten und zur Ruhe zu kommen. Das fördert den erholsamen Schlaf. Morgens kann man sich bei einer Gymnastik positiv auf den Tag einstimmen. Mit all den Beispielen erhöhen Sie allmählich Ihren Aktivitätspegel und werden durch mehr Bewegung keine Zeit verlieren, sondern zusätzliche gewinnen.

Diätfalle: Verbote

Damit das Abnehmen klappt, verbieten sich viele Menschen genau das, was sie am liebsten mögen: Gummibärchen, Kartoffelchips, Sahneeis oder Spaghetti bolognese. So klappt es mit dem Abnehmen nur einige Tage. Dann wird das Verlangen so groß, dass es kein Entrinnen mehr gibt. Das ist auch kein Problem: Einfach danach mit der Diät weitermachen. Denn die braucht keine strikten Verbote. Wer hin und wieder an Lebensmitteln nicht vorbeikommt, die zu den echten Dickmachern zählen, sollte daraus kein Drama machen. Einmal pro Woche kann man sich einen Ausrutscher erlauben.

Diätfalle: Rezepte ohne Freiheit

Für den Auflauf finden Sie keine Birnen in Ihrem Supermarkt, die Kapern in vielen Rezepten schmecken Ihnen nicht und außerdem haben Sie von den letzten Rezepten noch jede Menge Reste im Kühlschrank. Da kommt Frust hoch! Hoffentlich werden Sie sich davon nicht abhalten lassen, neue Ideal-Diät-Rezepte auszuprobieren. Die nicht vorhandenen Birnen lassen sich zum Beispiel durch Äpfel ersetzen, Kapern lassen Sie natürlich weg, und was die Reste betrifft: einfach mitverwenden. Halten Sie sich auf keinen Fall strikt an die Rezepte, wenn es anders für Sie viel einfacher ist. Ob Sie beispielsweise Kohlrabi, Zucchini oder Möhren nehmen, Lachsschinken anstelle von Putenaufschnitt verwenden oder statt Pistazien gehackte Mandeln übers Müsli streuen – das bleibt Ihrem Geschmack und Vorratsschrank überlassen. Vorschläge zum Austauschen finden Sie auf der Seite 37.

Gemeinsam abnehmen und dabei neue Rezepte ausprobieren macht richtig Spaß.

Diätfalle: Knabbern vorm TV

Rauf auf die Couch, Fernbedienung in Reichweite und Chipstüte auf. So sieht oft ein gemütlicher Abend aus. Keine Kalorie wird zusätzlich verbrannt, aber jede Menge Fettkalorien gegessen. Die gehen direkt auf die Hüfte. Wer seinen inneren Schweinehund nicht in den Griff kriegt und immer wieder vor dem Fernseher landet, kann zumindest vorsorgen und keine Chips mehr einkaufen. Selbst wenn Sie viele Diätfallen gut umschifft haben, kann jeder einige kräftige Motivationsschübe gebrauchen, um schneller zum Wunschgewicht zu kommen.

Motivationsschub: Es geht um mehr

Egal, ob Sie fünf, zehn oder 17 Kilo abnehmen wollen, Sie erreichen mit solchen Zielen nicht Ihre Gefühle. Doch diese Emotionen müssen wir positiv ansprechen, damit sie uns beim Kampf um die Kilo motivieren. Holen Sie sich Ihre Gefühle als Verbündete auf Ihre Seite, indem Sie emotionale Abnehmziele jenseits von Zahlen festlegen. Wie wäre es, wenn Sie eine frühere Hose herauskramen, die Ihnen vor einigen Jahren noch gepasst hat, aber derzeit zwei Nummern zu klein ist? Wieder so fit, sexy und jung aussehen wie damals: Mit solchen Zielen sprechen Sie Ihre Gefühle an. Weitere emotionale Zielbotschaften: Komplimente vom Partner bekommen, sich endlich wieder in einen Bikini trauen, nach 30 Treppenstufen nicht mehr schnaufen. Entdecken Sie Ihre eigenen emotionalen Ziele, mit denen Sie Ihre Gefühle ansprechen können.

Motivationsschub: Geteilte Diät ist doppelte Freude

Abnehmen geht doppelt so leicht, wenn der Partner Sie unterstützt. Zum Glück sind fast alle Rezepte so konzipiert, dass Sie aus einem grünen Rezept zum Abnehmen schnell ein gelbes oder gar rotes machen können. So brauchen Sie nicht extra zu kochen, und Ihr Partner kann mitessen, ohne dass ihm nachher die Hose rutscht. Holen Sie sich jegliche Unterstützung, die Sie brauchen. Kochen Sie mit ihm gemeinsam, unternehmen Sie viel zu zweit und belohnen Sie sich für kleine, erreichte Zwischenziele mit Kinokarte, Schwimmbadbesuch … natürlich auch zu zweit. So wird Ihr Partner beginnen, die Ideal-Diät zu lieben. Auch wenn er zuvor noch meinte: »Schatz, ich liebe jedes Pfund an Dir!«

Motivationsschub: Gesunde Gewohnheiten entwickeln

Sie probieren neue Rezepte aus, machen einzelne Übungen für Ausdauer und Kräftigung, versuchen täglich zwei Liter Flüssigkeit zu trinken – kurz: Sie machen jede Menge neuer Erfahrungen. Gestern haben Sie beispielsweise die Sportschuhe schon mit zur Arbeit genommen und dann tatsächlich auf dem Weg nach Hause am Park einen Zwischenstopp eingelegt, um dort eine halbe Stunde zügig zu gehen.
Aus solchen einmaligen Verhaltensweisen und Erfahrungen entstehen nach und nach gesunde Gewohnheiten. Ab sofort sind die Sportschuhe immer im Job mit dabei, und wenn Sie zeitig aus der Arbeit kommen, geht es noch kurz in den Park. Anderes Beispiel: Seitdem Sie die Mineralwasserflasche immer auf dem Tisch stehen lassen, denken Sie häufiger ans Trinken und schaffen jetzt zwei Liter am Tag. Also: die Flasche ständig im Sichtfeld stehen lassen.
Prägen Sie sich drei oder vier neue Verhaltensweisen ein, die Ihnen beim Abnehmen helfen, und wiederholen Sie diese ganz bewusst.
Die gesunden Gewohnheiten müssen sich über Wochen hinweg wie das Zähneputzen in Ihr Alltagsleben einschleichen.

Auch wenn in den meisten Wohnungen eine Speisekammer fehlt, bieten wir Ihnen trotzdem eine Ideal-Diät-Speisekammer mit allem, was Sie als (Wissens-)Vorrat brauchen.

Alkohol bringt Fett auf die Hüften

Alkohol hat mehr Kalorien als Eiweiß und Kohlenhydrate, liefert keinerlei lebenswichtige Nährstoffe – schmeckt aber vielen. Doch Vorsicht! Der Stoffwechsel verbrennt zuerst den Alkohol. Alles andere lässt er erstmal liegen, und so hat das Fett genügend Zeit, sich in den Fettzellen abzusetzen und einer Verbrennung zu entkommen. Übrigens: nur weil Hochprozentiges die Fettverdauung etwas erleichtert, darf niemand annehmen, dass Alkohol Fett quasi auflösen kann.

Brot und Brötchen auch in Ideal-Diät-Qualität

Egal, ob aus Roggen oder Weizen, mit Hefe oder Sauerteig – die Stärke aus Brot und Brötchen baut der Körper schnell in Blutzucker um. Das erhöht den Insulinspiegel und behindert so den Fettabbau. Um den Blutzuckeranstieg etwas aufzuhalten, bevorzugen Sie Vollkornbrot oder -brötchen. Je gröber das Mehl, desto länger braucht der Darm, um die Stärke in Zucker umzuwandeln, und der Blutzuckerpegel steigt kaum an. Noch mehr Zeit lässt sich die Verdauung, wenn dem Brot- oder Brötchenteig Haferflocken und leckere Ölfrüchte wie Mohn, Sesamsamen, Kürbis- oder Sonnenblumenkerne untergemischt werden. Beste Beispiele: GLYX-Ideal-Diät-Brot und -brötchen. Dank grobem Vollkornmehl, Sonnenblumenkernen, Leinsamen und Haferkleie liegt dessen glykämische Last voll im grünen Bereich – zumindest bei Portionen von 50 Gramm. Übrigens: Es gibt Brotbackmischungen mit einem niedrigem GI-Wert wie »Schrot und Korn« und »Wellness-Brotbackmischung«.

Süße Sünden sind erlaubt, solange sie fruchtig, aber zucker- und fettarm sind.

Dessert am besten selbst gemacht

Zum Abschluss noch was Süßes? Das darf auch beim Abnehmen sein, vorausgesetzt, das Dessert enthält weder viel Zucker noch Fett. Solche Nachspeisen gibt es nicht in den Regalen der Supermärkte. Aber Sie können sie problemlos selbst machen, beispielsweise aus einem Mix von Früchten, mageren Milchprodukten, etwas Vanille, gemahlenen Nelken oder Zimtpulver. Schmeckt super, auch ohne Zucker und Fett.

Dosen müssen nicht sein

Mais, Erbsen, grüne Bohnen ebenso wie Pilze oder Früchte gibt es überall auch in Dosen oder Gläsern. Lange haltbar, dafür aber hoch erhitzt und somit arm an hitzeempfindlichen Vitaminen. Deshalb sind Dosen zweite Wahl, schließlich bekommen Sie heute fast alles frisch oder tiefgekühlt. Zudem haben Früchte in Dosen oder Gläsern den Nachteil, dass sie meistens gezuckert eingekocht werden. Der hohe Zuckeranteil passt nicht in die Ideal-Diät.

Eier zu fett fürs tägliche Frühstück

230 Milligramm Cholesterin und fast sieben Gramm Fett machen ein Ei nicht gerade diät-

tauglich. Doch Pfannkuchen, Gebäcke und so mancher Auflauf kommen ohne ein oder zwei Eier nicht aus – müssen sie auch nicht. Wer isst schon täglich Pfannkuchen? Nur das allmorgendliche Frühstücksei fällt weg.

Fertigprodukte in der Ideal-Diät

Sie sind ideal, wenn die Zeit zum Kochen fehlt und Sie trotzdem abnehmen möchten. Oder auch für zwischendurch, wenn es mal eng wurde mit dem Einkaufen. Da kommt ein kleiner Vorrat an leckeren, unkomplizierten Fertiggerichten gerade recht. Achten Sie auf die Nährwertangaben auf der Packung. Alles, was pro 100 Gramm sieben Gramm Fett und mehr enthält, fällt raus, Fertiggerichte ohne Nährwertangaben ohnehin. Werfen Sie außerdem einen kritischen Blick auf die Zutatenliste. Nehmen im Fertiggericht Nudeln, Kartoffeln oder Reis einen Anteil von mehr als 35 Prozent ein (dann stehen diese Zutaten in der Regel auf dem ersten Platz der Zutatenliste), bekommt auch dieses Fertiggericht nicht mehr die grüne Ideal-Diät-Karte. Vielfältig ist das Angebot an Gemüse- und Schlemmerpfannen mit und ohne Fisch oder Fleisch, mal italienisch, mal chinesisch. Eine riesige Auswahl haben Sie bei Fertigsuppen. Ob aus der Tüte oder Dose, viele kommen ohne große Fettaugen daher. Bei dieser Auswahl fällt der Verzicht auf Suppen mit viel Kartoffeln oder Nudeln leicht. Dank Spargelcreme-, Thai-Chicken-, Erbsen-, Lauchcremesuppen oder anderen Suppen-Varianten können Sie Ideal-Diät-Gerichte auch aus der Dose zubereiten.

Fette und Öle – die Wahl treffen

Dass Fett einer der Hauptdickmacher ist und bei den Fetten vor allem pflanzliche mit vielen ungesättigten Fettsäuren Vorrang haben sollen, ist oft genug, auch in diesem Buch, gesagt worden. Bewährt hat sich mindestens ein gutes Öl zum Braten wie Oliven-, Raps- oder Erdnussöl. Und ein möglichst naturbelassenes Öl mit viel Aroma für Salate. Je stärker der Geschmack des Öls, desto weniger brauchen Sie – auch das spart Fett. Und so manche Fettkalorien können Sie streichen, wenn Sie für Ihre Brotscheibe nicht Butter bzw. Margarine, sondern saure Sahne oder fettarmen Frischkäse nehmen. Oder wie wär's mit Halbfettbutter, Butter mit Joghurt oder Buttermilch bzw. einer Halbfettmargarine?

Auch fette Fische sind erlaubt

Möglichst oft, möglichst viel, zumindest jede Woche auch mal einen fetten Fisch trotz Diät genießen. Die Fischfette sind viel zu gesund, als dass Sie darauf verzichten sollten. Wählen Sie beim Fischeinkauf häufiger Salzwasserfische (z. B. Hering, Kabeljau, Rotbarsch, Seelachs, Scholle, Tunfisch). Die bieten erheblich mehr an Jod, Fluor und wertvollen Fettsäuren als Fische aus Flüssen, Bächen und Seen.

Fleisch – am besten magere Stücke

Fleischstücke vom Schwein, Kalb und Rind versorgen uns wie keine andere Lebensmittelgruppe mit den Stoffwechsel- und »Gute-Laune-Vitaminen« B_1 und B_6 sowie mit den abwehrstärkenden Spurenelementen Eisen und Zink. Warum also beim Abnehmen auf Fleisch verzichten? Verlangen Sie bei Ihrem Fleischer die mageren Stücke wie Kalbskeule, Rinderschlegel, Schweineschnitzel und natürlich Geflügelbrust ohne (!) Haut. Vorsicht bei Hackfleisch, darin verstecken sich größere Fettmengen. Ein guter Fleischer macht Ihnen das Hackfleisch ganz frisch – auch aus einem mageren Fleischstück – was Sie allerdings am Preis merken werden. Wer mag, gönnt sich einmal im Monat ein Stück Leber. Ist absolut mager und voller Vitalstoffe – und weniger belastet als allgemein angenommen wird.

Frühstücksflocken ohne Zucker

In der Ideal-Diät kommen von Hafer-, Roggen- oder Weizenflocken nur einige Esslöffel ins Müsli. Ihre Stärke schließt der Körper relativ schnell auf und verwandelt sie in Zucker. Weit vorsichtiger müssen Sie bei Fertigflocken, Cornflakes, Zimt- und Nougat-Loops, Frosties, Crispies und all den Frühstücksflocken aus der Großpackung sein: In aller Regel steckt darin viel zu viel Zucker – sie können durch ihre hohe glykämische Last zu echten Dickmachern werden. Empfehlenswert ist dagegen diese Ideal-Diät-Müsli:

Der Ideal-Tipp

Ideal-Diät-Müsli

3 EL kernige Haferflocken, 1 TL grob gehackte Nüsse und 2 getrocknete und ganz klein geschnittene Aprikosen in fettarmer Milch einweichen. 1 süßen Apfel waschen, vom Kerngehäuse befreien, klein schneiden und unterrühren – fertig!

Gemüse – Gesundheitsvorsorge zum Essen

Von Gemüse können Sie während der Ideal-Diät gar nicht zu viel essen. Von der Aubergine bis zur Zwiebel zählt es zu der Lebensmittelgruppe, die für die Ideal-Diät wie geschaffen ist: Es ist so gut wie fettfrei (außer Oliven) und enthält keine größeren Mengen schnell verfügbarer Kohlenhydrate. Da Gemüse nur so strotzt vor lebensnotwendigen Vitalstoffen, der beste Lieferant von bioaktiven Substanzen zur Gesundheitsvorsorge ist und zudem noch Ballaststoffe für einen aktiven Darm und gute Cholesterinwerte beschert, garantiert der hohe Gemüseanteil der Ideal-Diät, dass Sie nicht nur Pfunde verlieren, sondern Gesundheit, Wohlbefinden und Power dazugewinnen.

Gewürze und Kräuter – die Aromagarantie

Vanille, Nelken, Minzeblättchen und Zimt für alles Süße ersparen so manchen Teelöffel Zucker. Und wer neben Pfeffer und Muskat auch noch Kräuter (frisch, tiefgekühlt oder getrocknet), Kurkuma, Ingwer, Paprikapulver und eine nicht zu scharfe Currymischung im Vorrat hat, kann bei langweiligen Gerichten interessante Aromaakzente setzen. So bekommt das Essen ohne den berühmten Stich Butter, den Schuss Sahne oder den Esslöffel Crème fraîche Geschmack. Fett sparen heißt also nicht, auf Aroma zu verzichten.

Honig nicht besser als Zucker

Das süße Bienenprodukt setzt sich aus ähnlichen Bestandteilen zusammen wie Haushaltszucker – und wird genauso bewertet: Kleinere Mengen, zum Beispiel zum Süßen von Tee, sind unproblematisch. Wollen Sie damit aber einen Kuchen backen oder eine leckere Nachspeise zubereiten, macht der vermeintlich gesunde Honig durch seine süßen Kohlenhydrate auch nicht schlank.

Hülsenfrüchte – die Satt- und Fitmacher

Linsen, Kichererbsen, Kidneybohnen oder all die anderen Hülsenfrüchte haben es in sich. Sie sind wahre Eiweiß- und Kohlenhydratkonzentrate. In den unscheinbaren kleinen Samen verbergen sich zudem viele Vitamine und Mineralstoffe. Kaum ein anderes Lebensmittel hat gleichzeitig (!) so viel Eisen, Magnesium, B-Vitamine und Ballaststoffe zu bieten. Die unverdaulichen Ballaststoffe halten lange satt – auch deshalb macht sich diese Lebensmittelgruppe so gut in der Ideal-Diät. Außerdem sind Hülsenfrüchte so gut wie fettfrei. Ihre Kohlenhydrate haben die figurfreundliche Eigenschaft, den Blutzuckerspiegel fast nicht zu beeinflussen,

Ein kleiner Gewürzvorrat ist ideal, so bekommen die Gerichte eine eigene Note.

da sie nur langsam ins Blut gelangen. Umso länger und besser stehen sie als Energielieferant für Muskeln und Nerven zur Verfügung.

Kaffee und Tee sind okay

Gerade bei einer Diät kann es passieren, dass der Blutdruck etwas in den Keller geht. Da kommen Kaffee und Tee gerade recht. Achten Sie darauf, dass Sie sich mit dem Süßen zurückhalten. Nicht mehr als ein oder zwei Teelöffel pro Kanne.

Kartoffeln mit Dickmacher-Kohlenhydraten

Die Lieblingsbeilage der Deutschen wurde bislang von vielen Diätexperten hoch geschätzt, da sie kein Fett enthält. Allerdings liegt ihre glykämische Last recht hoch, weil die Kohlenhydrate den Blutzucker stark nach oben treiben, damit den Insulinspiegel erhöhen und die Fettverbrennung auf Sparflamme laufen lassen. Doch gegen kleine Kartoffelportionen ist nichts einzuwenden – am besten klein gewürfelt und gemischt mit Gemüsewürfeln von Zucchini, Aubergine, Sellerie und Paprikaschote.

Käse – gelegentlich genießen

Zugegeben: Fettreduzierter Käse schmeckt nur selten so gut wie vollfetter. Daher der Appell an alle Käseliebhaber, die beim Fett sparen müssen: Gönnen Sie sich hin und wieder eine kleine Ecke Ihres Lieblingskäses. Dazu ein gutes Glas Wein! Aber das sollte eine gefeierte Ausnahme bleiben. Denn bei regelmäßigem Konsum von Käse mit 45 % Fett i. Tr. aufwärts tun Sie sich mit dem Abnehmen schwer.

Konfitüre – nur ein Teelöffel

Die Mischung aus Zucker und Früchten auf dem Frühstücksbrötchen treibt bereits am Morgen den Blutzucker hoch und drosselt die Fettverbrennung. Die Ideal-Diät enthält daher süße Aufstriche sehr sparsam. Sie werden in Quark oder Joghurt gerührt, dazu gibt es etwas Zimtpulver oder gemahlene Nelke. Wer morgens den süßen Wachmacher gleich esslöffelweise mag, sollte auf Diätkonfitüre ausweichen. Sie enthält statt Zucker Fruchtzucker oder künstliche Süßstoffe. Beide beeinflussen den Blutzucker so gut wie gar nicht – ideal für die Ideal-Diät.

Milch und Milchprodukte – fettarm wählen

Unsere besten Kalziumlieferanten gibt es zum Glück auch in fettarmen Alternativen, und zwar von Magermilch bis Frischkäse mit 0,2 % Fett. In ihnen steckt alles Gute aus der Milch: sämtliches Kalzium und das Milchvitamin B_2. Doch so ganz ohne Fett schmecken diese Produkte nicht jedem, deshalb gehen wir in der Ideal-Diät einen Fett-Kompromiss ein und nehmen häufiger fettreduzierte Milchprodukte, bei denen das Fett nur zum Teil abgetrennt wurde. Bei Magerquark ist das nicht nötig. Mit etwas Mineralwasser verrührt, kann er so cremig wie Sahnequark schmecken.

Nudeln – dunkel besser als hell

Generell lässt sich zwischen Eiernudeln und Nudeln ohne Ei unterscheiden. Die Teigwaren, die ohne Eier auskommen, bringen es auf weniger Fett als die Eiernudeln. Doch kritischer als das Fett in den Eiernudeln sind die Kohlenhydrate in sämtlichen Teigwaren. Ihr Reichtum an Kohlenhydraten sorgt für steigende Blutzuckerpegel, und der Stoffwechsel reagiert mit einem verringerten Fettabbau. Nudelfans, zumindest wenn sie nicht durch viel Bewegung ihren Stoffwechselmotor antreiben, merken es auf der Waage. Deshalb sind Nudeln nur für Sportler und alle aktiven Menschen ideal; Schreibtischtäter und Liebhaber des Fernsehsessels sollten Nudelportionen drastisch auf etwa 30 bis 50 Gramm Rohgewicht reduzieren. Das gelingt leichter, wenn Sie viel klein geschnittenes Gemüse, Pilze, Fleisch- oder Fischstückchen unter die Nudeln geben. Mit solchen frischen, stückigen Saucen ersparen Sie sich und Ihren Problemzonen fette Käse-Sahne-Saucen. Und noch ein Tipp: Steigen Sie um auf Vollkornnudeln. Gegenüber hellen Nudelsorten gehen deren Kohlenhydrate langsamer ins Blut über. Das senkt die glykämische Last. Außerdem liefern die dunklen Sorten doppelt so viel Eisen sowie das Dreifache an Vitamin B_1.

Nüsse und Samen – gut in Maßen

Gesund sind diese kleinen Fettbomben wegen ihrer vielen ungesättigten Fettsäuren, die Herz und Gefäße fit halten. Doch in großen Mengen geknabbert, erhöhen sie das Fettkonto und schaden der schlanken Linie. Deshalb sind Kokosraspel, Cashewkerne & Co. kein Snack für lange Fernsehabende, sondern Aromazugaben, die fein oder grob gehackt im Salat, im Müsli oder einfach nur unter den Joghurt gerührt für Geschmack sorgen.

Obst – die besten Kohlenhydrate

Lecker, die süßen Früchtchen! Und dazu, bis auf die Avocado, noch fettfrei. Die Kalorien stammen vor allem aus ihrem Zucker. Der besteht hauptsächlich aus langsam verfügbarem Fruchtzucker, so dass die glykämische Last der meisten Obstsorten im unteren Bereich liegt, zumindest bei frischem Obst und bei Portionen von etwa 120 Gramm. Allerdings gibt es auch hier eine Ausnahme: Die Banane bringt es auf eine mittlere glykämische Last. Für die grünen Rezepte der Ideal-Diät ist von einer dieser krummen Dingern höchstens die Hälfte gestattet. Die »langsamen« Kohlenhydrate der meisten Obstsorten liefern dem Körper den ganzen Tag über Energie. Ein guter Grund mehr, Früchte als Zwischenmahlzeit zu genießen. So sind kleine Ananasstückchen eine prima Alternative zu fetten Chips. Noch besser: Äpfel! Niedrige Werte bei der glykämischen Last, überall und immer erhältlich, außerdem gesund. Der Apfel ist wie geschaffen für die Ideal-Diät, zumal sein Ballaststoff Pektin im Magen aufquillt und damit den Hunger fern hält. Bevorzugen Sie Sorten, die reich an Vitamin C sind, wie Berlepsch, Idared, Goldparmäne und Boskop.

Pilze – möglichst mehr davon

Hut ab vor den kleinen Sprösslingen aus Wald, Wiese oder Zucht. Sie enthalten Vitamin D, kaum Fett oder Kohlenhydrate – also genau richtig für die Ideal-Diät als Zutat oder Beilage. Die Pilze putzen, in wenig Öl unter Rühren anbraten, Petersilie dazugeben – fertig! Fette Sahnesaucen braucht es nicht, deren Fette finden sich später an Bauch, Po und Oberschenkel wieder. Lassen Sie die Pilze aus der Dose im Supermarktregal stehen, schließlich finden Sie überall frische Champignons. Und die liefern weit mehr Vitalstoffe als die Konserve.

Saft, Nektar, Softdrinks – flüssige Kalorienfallen

Süße Getränke gelten nach neuen Untersuchungen als raffinierte Dickmacher, denn sie hintergehen das Sättigungsgefühl des Körpers. Dieses reagiert vor allem auf feste Lebensmittel. Wer literweise Softdrinks und Säfte konsumiert, wird trotz der vielen Kalorien nicht richtig satt. Reine Fruchtsäfte haben jedoch den Vorteil, dass sie jede Menge Vitamine und Mineralstoffe liefern. Dagegen sind Nektare, Fruchtsaftgetränke und erst recht die ganze Palette der Softdrinks nur ein lascher Mix aus Saft, Zucker und Wasser. Machen Sie es wie die Sportler und mixen Sie aus einem Teil reinem Fruchtsaft und zwei Teilen Wasser einen super Durstlöscher mit wenig Zucker, aber voller Fitmacher.

Salat – frisch statt fett

Salate sind Klassiker unter den Ideal-Diät-Rezepten, weil sie mit dem richtigen Dressing ohne schwere Mayonnaise selbst mit wenig Kalorien satt machen und dabei superfrisch schmecken. Außerdem lassen sich Salat und Salatsauce getrennt voneinander und luftdicht verschlossen gut mit in die Arbeit nehmen. Beides nur kurz miteinander mischen, und im Nu haben Sie statt des immer gleichen, oft zu fetten Kantinenmenüs ein lecker-leichtes Ideal-Diät-Mittagessen, das Ihnen über das berüchtigte Nachmittagstief hinweghilft.

Die Abnehmgarantie: Salat und Rohkost kombiniert mit einem leichten Dressing.

Tiefkühlkost – Gutes auf die Schnelle

Beeren zu jeder Jahreszeit, Gemüse oder Kräuter sofort zur Hand und sogar Fix-und-Fertig-Menüs auf Abruf parat zu haben, all das bietet die Tiefkühltruhe. Wer also mal für den Einkauf keine Zeit hat, kann sich im heimischen 4-Sterne-Gefrierfach oder -schrank einen passenden Vorrat schaffen. Meiden Sie die Dickmacher in den Kühltruhen der Supermärkte, denn der schnelle Griff zu Pizzen und Pommes lässt Ihre Fettzellen wachsen. Bei näherem Hinsehen werden Sie auch fettärmere Fertigprodukte in der Tiefkühltruhe entdecken, die absolut Ideal-Diät-tauglich sind. (siehe unter »Fertigprodukte«). Füllen Sie damit Ihr Gefrierfach auf.

Trockenobst – konzentrierte Süße

Nachdem ein Großteil des Wassers aus Apfelringen, Aprikosen oder Feigen verdunstet ist, bleiben süße Trockenfrüchte voller Nähr- und Ballaststoffe zurück. Kleine Süßigkeiten ohne Fett, die genau richtig zum Abnehmen sind. Wären da nicht jede Menge Kohlenhydrate. Besonders die aus Rosinen, getrockneten Feigen und Datteln bringen den Blutzucker auf Spitzenwerte und halten damit die Fettverbrennung auf. Die weitaus bessere Alternative sind gedörrte Äpfel, Aprikosen oder Pflaumen – allerdings nur in 50-Gramm-Portionen. Schließlich hat sich auch in diesen Früchten beim Trocknen der Zucker stärker angereichert.

Wasser, das Abnehmelixier

Da die Nieren beim Abspecken etliche Abbauprodukte ausscheiden müssen, sind gut 1,5 Liter Wasser pro Tag nur zu empfehlen. Außerdem dämmt die Flüssigkeit einen möglicherweise aufkommenden Hunger. Und es gibt (mindestens) noch einen weiteren Grund, immer mal wieder einen Schluck gutes Mineralwasser zu trinken: Da beim Abnehmen fetter Käse eingespart wird, fehlt Kalzium, das darin in größeren Mengen enthalten ist und das die Knochen dringend brauchen. Diesen Verlust kann ein Mineralwasser mit mindestens 150 Milligramm Kalzium ausgleichen. Schauen Sie auf das Etikett Ihres Wassers und kaufen Sie gegebenenfalls eine kalziumreichere Sorte (siehe Tabelle).

Mineral- oder Heilwasser	**Mineralstoffgehalt (mg/l)**			
	Kalzium	**Kalium**	**Magnesium**	**Natrium**
Aqua Römer	569	3,8	45	18,8
Bad Griesbacher Heilwasser	241,5	7,6	25,3	68,1
Contrex	486	3,2	84	9,1
Elisabethenquelle	469,0	29,0	97,0	519,0
Ensinger Mineralwasser	528	6,9	124	28,8
Frankenbrunnen Hochstein Quelle	243,3	4,5	47,7	64,2
Georg Viktor Quelle	191	4,2	91	40
Gerolsteiner Sprudel	348	11	108	118
Griesbacher First Class	305	–	72,5	198
Hassia	186,0	26,7	36,1	228,0
Helenenquelle Heilwasser	343	14,9	251	696
Hirschquelle	216,0	11,6	29,2	261,0
Imnauer Apollo	519,0	4,1	44,9	29,0
Imnauer Fürstenquellen	480,0	9,5	64,0	25,0
Imnauer Eugenie-Quelle Heilwasser	369	18	57	40
Johanniter Quelle	264	–	94	98
Luisen	347,0	20,3	44,2	240,0
Remstaler	309,0	19,8	65,6	235,0
Rosbacher Klassisch	224	–	109	83,1
San Pellegrino	185,6	–	52,5	35,0
Schillerbrunnen	152,0	12,5	39,7	37
Schlossquelle Friedrichroda	296,0	–	106,0	110,0
Wildbadquelle	177	2	44	40
Wilhelmsthaler Brunnen	310,0	–	111,0	91,4

– = keine Daten. Die Angaben in der Tabelle entsprechen den Angaben auf den Flaschen.

Wurst – zwei fette Enden

Hätten Sie gedacht, dass eine Cervelatwurst zu einem Drittel aus purem Fett besteht? Ein Wurstbrot passt daher nur ganz selten in eine gute Diät – zumal die Fettsäuren in der Wurst eher von geringer Qualität sind und neben dem Gewicht auch den Cholesterinspiegel aus der Balance bringen. Magere Geflügelwurst, Schinken ohne Fettrand und Diät-Gemüse-Putenwurst bleiben unter 10 Prozent Fett. Die 20-Fettprozent-Grenze unterbieten fettreduzierte Würstchen, Fränkische Fleischwurst, Putenleberwurst oder Geflügelmortadella aus dem Diätregal wie auch ein ganz normaler Bierschinken und eine Jagdwurst.

Zucker oder Austauschstoffe?

Mehr als ein Esslöffel Haushaltszucker, und der Blutzucker steigt, so dass der Fettabbau verzögert wird. Daher enthält die Ideal-Diät keine größeren Zuckermengen. Wer dem Blutzuckeranstieg entgehen und trotzdem für Rhabarberkompott, selbst gemachte Marmelade oder Kuchen auf etliche Esslöffel Zucker nicht verzichten will, kann auf Fruchtzucker, andere Zuckeraustauschstoffe oder künstliche Süßstoffe ausweichen. Damit ersparen Sie den Fettzellen eine Insulinflut, die Ihre Fettdepots nur dazu verleitet, (noch) weniger Fett in die Verbrennungsmotoren des Körpers zu schicken.

Tausche Äpfel gegen Birnen

Gerade wer nur für eine Person kocht, stellt immer wieder fest, dass ein kleiner Wirsingkopf gebraucht wird, während noch ein halber Weißkohl von vorgestern übrig ist, oder dass im Rezept Haselnüsse stehen, aber Walnüsse im Vorratsschrank liegen. Das ist kein Problem, diese Lebensmittel lassen sich austauschen. Die folgende Tabelle zeigt Ihnen Austausch-Alternativen. Tauschen Sie gegeneinander aus:

Obst
Äpfel, Birnen
Nektarinen, Aprikosen, Pfirsiche
Apfelsine, Mandarinen
Ananas, Mango, Honigmelone
Erdbeeren, Himbeeren

Gemüse
Blumenkohl, Brokkoli
Zucchino, Gurke
Kopfsalat, Chinakohl, Romanasalat, Endiviensalat, Lollo Rosso, Radicchio
Feldsalat, Rucola, Portulak
Kürbis, Möhre
Spinat, Mangold
Spargel, Schwarzwurzeln
Tomate, Paprikaschote
Wirsing, Weißkohl, Spitzkohl
Lauch, Frühlingszwiebeln
Möhre, weiße Rübe, Pastinake, Petersilienwurzel
Alle Hülsenfrüchte untereinander (bis auf Linsen müssen alle übrigen eingeweicht werden)
Alle Kräuter untereinander (stark geschmacksabhängig)
Alle Pilze untereinander

Milchprodukte
Buttermilch, Kefir, Molke
Joghurt, Dickmilch, Quark, Frischkäse (nur in der kalten Küche)
Quark, Frischkäse (bei Käsekuchen)

Öle, Nüsse und Samen
Sämtliche Pflanzenöle untereinander (für Salate)
Olivenöl, Rapsöl, Erdnussöl (zum Braten)
Alle Nüsse und Samen untereinander (stark geschmacksabhängig)

Fleisch
Fleischstücke zum Kurzbraten wie Steak, Geflügelbrust, Schnitzel

Fisch
Alle Fischfilets untereinander

Genießen erlaubt

Lecker kochen, leicht abnehmen

Hier kommen die Ideal-Diät-Rezepte: unkompliziert, schnell gekocht und trotzdem raffiniert. Sie brauchen keinen festen Diätplan einzuhalten, sondern können unter den über 250 Rezeptvorschlägen frei wählen – am besten so, dass Sie eines mit zur Arbeit nehmen können. Je abwechslungsreicher Sie die Ideal-Diät gestalten, desto besser. So stellen Sie sicher, dass Sie mit allen notwendigen Nährstoffen hervorragend versorgt sind und einen guten Mix aus Rezepten mit mehr und weniger Kalorien haben. Lästiges Zählen von Fetten, Kalorien oder Farbpunkten ist nicht nötig. Wollen Sie sich aber lieber an ein festes Abnehmprogramm halten, finden Sie in den Buchklappen eine ausgeklügelte 4-Wochen-Diät-Übersicht. Je nachdem was Ihr Kühlschrank an Resten und die jeweilige Jahreszeit an frischem Gemüse und Obst zu bieten haben, lassen sich viele der Rezepte problemlos abwandeln. Tipps und Anregungen dazu finden sie in der Austauschtabelle auf Seite 37.

Ein Frühstück, zwei Hauptmahlzeiten pro Tag

Für jeden Tag können Sie sich aus der Palette der Frühstücke eines aussuchen. Sollten Sie morgens noch keinen Hunger haben, nehmen Sie es als größeren Vormittags-Snack mit zur Arbeit. Bei den beiden Hauptmahlzeiten können Sie von Suppen und Salaten über Gemüse, Fisch und Fleisch aus allen Bereichen wählen, sogar Obstsuppen, Grützen und Cremes sind als süße Hauptgerichte im Angebot.

Grün – Gelb – Rot

Jedes Rezept in diesem Buch zählt gemäß dem Ampel-System der Ideal-Diät zu den grünen Gerichten, das heißt, es enthält nur wenig gesättigte Fettsäuren und kaum Kohlenhydrate mit einer mittleren oder gar hohen glykämischen Last. Zu jedem grünen Rezept finden Sie eine gelbe oder manchmal rote Alternative.

Bei gelben Varianten wurde weniger streng auf die Kohlenhydrate geachtet. Damit können Sie nach der Diät Ihr Gewicht halten oder das Rezept für jene Familienmitglieder abwandeln, die nicht abnehmen wollen.

Rote Rezepte enthalten sogar Lebensmittel mit reichlich Kohlenhydraten und einer hohen glykämischen Last, sparen aber immer noch beim Fett – ideal nur für sehr sportliche Typen, die viele Kohlenhydrate verbrennen.

Zwischenmahlzeiten nicht vergessen

Damit kein Hunger aufkommt, gehören neben den Hauptmahlzeiten täglich noch zwei Snacks zur Ideal-Diät. Die bestehen aus Obst oder Gemüse (außer Bananen oder fetten Avocados), das Sie auch leicht gedünstet essen können bzw. mit fettarmem Joghurt, Buttermilch oder Magerquark. Ebenso lecker schmecken diese Milchprodukte mit einem Teelöffel gehackter Nüsse und Samen. Oder Sie wählen einen der Snacks und Drinks am Ende des Rezeptkapitels aus. Wann Sie sich die zwei Zwischenmahlzeiten gönnen, überlassen Sie Ihrem Hungergefühl. So kommen auch jene nicht zu kurz, die gerne ein Dessert mögen oder spät abends noch eine Kleinigkeit brauchen.

Frühstücke

Trauben-Birnen-Frühstück

→ Blitzrezept, vegetarisch, bürotauglich

Zubereitungszeit: 15 Min.
Pro Portion ca.: 251 kcal, 7 g Eiweiß, 2 g Fett, 51 g Kohlenhydrate, 7 g Ballaststoffe

100 g kernlose helle Weintrauben
1 große Birne (200 g) | 1 TL Zitronensaft
100 g Magermilchjoghurt
1 EL kernige Haferflocken
1 Prise Zimtpulver

Weintrauben und Birne waschen. Trauben halbieren, Birne vom Kerngehäuse befreien und in kleine Würfel schneiden.

Die Früchte mit Zitronensaft, Joghurt, Haferflocken und Zimtpulver verrühren.

GELBE VARIANTE

Pro Portion ca.: 439 kcal, 15 g Eiweiß, 8 g Fett, 75 g Kohlenhydrate, 9 g Ballaststoffe

Extra: 1 TL Mandelblättchen
3 EL kernige Haferflocken
100 ml fettarme Milch

Mandelblättchen ohne Fett in einer Pfanne rösten. Haferflocken und Milch unter das Trauben-Birnen-Frühstück rühren. Mit Mandelblättchen bestreuen.

Melonen-Apfel-Rohkost

→ Blitzrezept, vegetarisch

Zubereitungszeit: 10 Min.
Pro Portion ca.: 161 kcal, 2 g Eiweiß, 1 g Fett, 36 g Kohlenhydrate, 3 g Ballaststoffe

1/2 Netzmelone (400 g)
1 Apfel | 1/2 TL Zimtpulver

Melone entkernen, das Fruchtfleisch aus der Schale lösen und in kleine Stücke schneiden, dabei den Saft auffangen.

Apfel schälen, vom Kerngehäuse befreien und grob raspeln. Mit dem Fruchtfleisch, Saft der Melone und Zimtpulver verrühren.

GELBE VARIANTE

Pro Portion ca.: 372 kcal, 13 g Eiweiß, 5 g Fett, 80 g Kohlenhydrate, 7 g Ballaststoffe

Extra: 1 Banane | 200 ml fettarme Milch
2 EL Schmelzflocken

Die Banane schälen, mit Milch und Schmelzflocken pürieren und diese Mischung über die Melonen-Apfel-Rohkost geben.

Ananas-Müsli

→ Blitzrezept, vegetarisch, bürotauglich

Zubereitungszeit: 15 Min.
Pro Portion ca.: 240 kcal, 7 g Eiweiß, 7 g Fett, 36 g Kohlenhydrate, 5 g Ballaststoffe

1/2 Ananas (450 g) | 75 g Magermilchjoghurt
10 g Mandelblättchen | 10 g kernige Haferflocken
1/2 TL Zimtpulver

Die Ananas längs halbieren, vom mittleren Strunk befreien, schälen und in sehr kleine Würfel schneiden. Die Ananaswürfel mit Joghurt verrühren.

Mandelblättchen und Haferflocken ohne Fett in einer kleinen Pfanne rösten. Mit Zimtpulver unter das Ananas-Müsli rühren.

GELBE VARIANTE

Pro Portion ca.: 401 kcal, 15 g Eiweiß, 10 g Fett, 60 g Kohlenhydrate, 7 g Ballaststoffe

Extra: 30 g kernige Haferflocken
100 ml fettarme Milch
1 Päckchen Vanillezucker

Haferflocken, Milch und Vanillezucker unter das Ananas-Müsli rühren.

Ninas Tipp

Getreideflocken

Ich mische immer 1 EL Getreideflocken unter einen Obstquark oder einen Früchtejoghurt. Dank der Flocken vertreibt solch ein Frühstück den Hunger.

Möhren-Orangen-Salat

→ vegetarisch, bürotauglich

Zubereitungszeit: 20 Min.
Pro Portion ca.: 196 kcal, 6 g Eiweiß, 6 g Fett, 27 g Kohlenhydrate, 11 g Ballaststoffe

1 EL Pinienkerne | 1 Möhre
1 Orange | 50 ml Apfelsaft
50 g Mungobohnensprossen
1 EL Rosinen

Pinienkerne ohne Fett in einer Pfanne kurz rösten und abkühlen lassen. Möhre schälen und fein raspeln.

Orange oben und unten abschneiden, auf ein Brett setzen und die Schale mit der gesamten weißen Haut ringsum von oben nach unten in einzelnen Streifen sorgfältig abschneiden. Die einzelnen Orangenfilets mit einem scharfen, kleinen Messer entlang der Segmenthäutchen herausschneiden.

Mit Pinienkernen, Möhrenraspeln, Apfelsaft, Mungobohnensprossen und Rosinen vermengen. Den Salat kurz ziehen lassen.

GELBE VARIANTE

Pro Portion ca.: 503 kcal, 20 g Eiweiß, 10 g Fett, 80 g Kohlenhydrate, 15 g Ballaststoffe

Extra: 2 Baguettebrötchen (100 g)
2 EL Magerquark | 1 TL Mandelblättchen

Die Brötchen quer halbieren, Das weiche Innere herausnehmen und die Brötchenhälften dünn mit Magerquark bestreichen. Den Karotten-Orangen-Salat auf den Hälften verteilen und mit Mandeln bestreuen.

DER IDEAL-TIPP

Steigen Sie öfter auf Vollkornbrötchen um. Sie liefern bis zu fünfmal so viele Vitamine wie Weißmehlbrötchen. Und ihre Ballaststoffe stoppen den Hunger.

Mangodrink

→ Blitzrezept, vegetarisch

1 kleine Mango (250 g) | 300 g Buttermilch
2 EL Schmelzflocken | 1 TL Mandelmus

Zubereitungszeit: 10 Min.
Pro Drink ca.: 275 kcal, 15 g Eiweiß, 6 g Fett, 50 g Kohlenhydrate, 6 g Ballaststoffe

Die Mango schälen und das Fruchtfleisch vom Kern schneiden. Mit Buttermilch, Schmelzflocken und Mandelmus im Mixer oder mit dem Pürierstab pürieren.

ROTE VARIANTE

Pro Drink ca.: 459 kcal, 17 g Eiweiß, 7 g Fett, 92 g Kohlenhydrate, 7 g Ballaststoffe

Extra: 1 Banane
5 EL gesüßte Cornflakes

Die Banane schälen, mit der Buttermilch, den Schmelzflocken und dem Mandelmus pürieren. Die Mangostücke mit Cornflakes und der Bananen-Buttermilch vermengen.

Warmes Birnenmüsli

→ bürotauglich, vegetarisch

Zubereitungszeit: 20 Min.
Pro Portion ca.: 374 kcal, 12 g Eiweiß, 10 g Fett, 56 g Kohlenhydrate, 7 g Ballaststoffe

1 kleine Birne (125 g) | 1 EL gehackte Pistazien
4 EL kernige Haferflocken | 100 ml fettarme Milch
150 ml Orangensaft

Die Birne schälen, vom Kerngehäuse befreien und in kleine Stücke schneiden. Pistazien und Haferflocken ohne Fett in einer Pfanne kurz rösten. Mit Milch ablöschen, die Birnenstücke zugeben und das Müsli sofort servieren. Den Orangensaft dazu trinken.

GELBE VARIANTE

Pro Portion ca.: 473 kcal, 13 g Eiweiß, 11 g Fett, 79 g Kohlenhydrate, 8 g Ballaststoffe

Extra: 1 Banane

Die Banane schälen. Die Hälfte in Scheiben schneiden und unter das Müsli geben. Übrige Banane mit Orangensaft pürieren. Den Bananen-Orangen-Saft zum Müsli trinken.

DER IDEAL-TIPP

Wenn Sie rohe Früchte nicht vertragen, die Birnenstücke, kurz bevor Sie die Milch zugießen, zu den Flocken geben. Erhitzte Früchte sind erfahrungsgemäß verträglicher.

Beerenjoghurt

→ Blitzrezept, vegetarisch, bürotauglich

Zubereitungszeit: 10 Min.
Pro Portion ca.: 226 kcal, 9 g Eiweiß, 4 g Fett, 34 g Kohlenhydrate, 3 g Ballaststoffe

100 g Erdbeeren (tiefgekühlt oder frisch)
200 g fettarmer Joghurt | 1 Prise Nelken- oder Zimtpulver | 1/2 TL Zucker | 200 ml Orangensaft

Tiefgekühlte Erdbeeren kurz in wenig Wasser bei geringer Hitze auftauen lassen. Frische Erdbeeren waschen, putzen und halbieren.

Joghurt mit Erdbeeren verrühren, mit Nelken- oder Zimtpulver und Zucker würzen. Den Orangensaft dazu trinken.

ROTE VARIANTE
Pro Portion ca.: 469 kcal. 16 g Eiweiß, 7 g Fett, 81 g Kohlenhydrate, 6 g Ballaststoffe

Extra: 1 Banane | 4 EL kernige Haferflocken

Die Banane schälen, die Hälfte in Scheiben schneiden und mit jeweils der Hälfte der Beeren und des Joghurts unter die Haferflocken geben. Die übrigen Zutaten mit dem Orangensaft zu einem Smoothie pürieren und dazu trinken.

Orangen-Kiwi-Salat

→ Blitzrezept, vegetarisch, bürotauglich

Zubereitungszeit: 15 Min.
Pro Portion ca.: 239 kcal, 5 g Eiweiß, 7 g Fett, 35 g Kohlenhydrate, 11 g Ballaststoffe

1 EL Mandelblättchen
2 große Orangen (400 g)
2 Kiwis | 1 TL Rosinen

Die Mandelblättchen ohne Fett in einer Pfanne kurz rösten und abkühlen lassen.

Die Orangen oben und unten abschneiden, auf ein Brett setzen und die Schale mit der gesamten weißen Haut ringsum von oben nach unten in einzelnen Streifen sorgfältig abschneiden.

Die Orangen in dünne Scheiben schneiden. Kiwis schälen und ebenfalls in Scheiben schneiden. Mit Rosinen, Orangenscheiben und Mandelblättchen vermengen.

ROTE VARIANTE
Pro Portion ca.: 437 kcal, 12 g Eiweiß, 9 g Fett, 72 g Kohlenhydrate, 13 g Ballaststoffe

Extra: 3 Scheiben Toastbrot | 1 EL Honig
2 EL Magerquark

Die Brotscheiben toasten. Honig mit Quark und Rosinen verrühren, Toasts damit bestreichen und mit Orangenscheiben belegen. Kiwischeiben darauf legen und mit Mandelblättchen bestreuen.

Gurken-Kresse-Brot

→ Blitzrezept, bürotauglich, vegetarisch, preiswert

Zubereitungszeit: 10 Min.
Pro Portion ca.: 190 kcal, 7 g Eiweiß, 2 g Fett, 33 g Kohlenhydrate, 4 g Ballaststoffe

1 Gewürzgurke | 1/4 Kästchen Kresse
1 EL körniger Frischkäse (10 % Fett i. Tr.)
Jodsalz | Pfeffer
edelsüßes Paprikapulver
1 Scheibe Vollkornbrot mit Leinsamen, Sonnenblumenkernen oder Nüssen
200 ml Orangensaft

Die Gurke klein schneiden. Die Kresseblättchen mit der Küchenschere vom Beet schneiden und mit den Gurkenstückchen unter den Frischkäse rühren.

Den Frischkäse mit Salz, Pfeffer und etwas Paprikapulver würzen. Die Brotscheibe dick damit bestreichen. Den Orangensaft zum Brot trinken.

GELBE VARIANTE

Pro Portion ca.: 335 kcal, 22 g Eiweiß, 3 g Fett, 52 g Kohlenhydrate, 5 g Ballaststoffe

Extra: 50 g gegarte geschälte Garnelen
1 EL Magerquark | 2 Reiswaffeln

Garnelen und Quark mit Kresse, Gurke und Gewürzen unter den Frischkäse rühren. Vollkornbrot und Reiswaffeln damit bestreichen.

Karl-Heinz' Tipp

Neuentdeckung

Ich habe fettreduzierten Käse für mich entdeckt. Der schmeckt hervorragend, da kann ich fettreichen Käse gut einsparen. Fettreiche Würste habe ich ohnehin gestrichen.

Schnittlauchknäcke mit Tomate

→ Blitzrezept, vegetarisch

Zubereitungszeit: 10 Min.
Pro Portion ca.: 106 kcal, 9 g Eiweiß, 1 g Fett, 15 g Kohlenhydrate, 2 g Ballaststoffe

1/4 Bund Schnittlauch | 50 g Magerquark
2 Scheiben sehr dünnes Knäckebrot
1 EL Tomatenmark | 1 Tomate | Jodsalz | Pfeffer

Den Schnittlauch waschen, trockenschütteln, in Röllchen schneiden und unter den Quark rühren.

Das Knäckebrot erst mit Tomatenmark, dann dick mit Schnittlauchquark bestreichen.

Die Tomate waschen, ohne den Stielansatz in dicke Scheiben schneiden und die Scheiben auf die Quarkbrote legen. Mit Salz und Pfeffer würzen.

GELBE VARIANTE

Pro Portion ca.: 185 kcal, 12 g Eiweiß, 1 g Fett, 31 g Kohlenhydrate, 3 g Ballaststoffe

Extra: 2 Scheiben sehr dünnes Knäckebrot
1 EL Tomatenmark

Die Knäckebrote mit Tomatenmark bestreichen und wie ein Sandwich auf je ein Quarkbrot legen.

Käsebrot

→ Blitzrezept, bürotauglich, vegetarisch

Zubereitungszeit: 15 Min.
Pro Portion ca.: 227 kcal, 20 g Eiweiß, 11 g Fett, 12 g Kohlenhydrate, 3 g Ballaststoffe

1 dünne Scheibe Vollkornbrot mit Leinsamen, Sonnenblumenkernen oder Nüssen
1 EL Frischkäse (5 % Fett) | 1 kleine Gewürzgurke | 2 Zweige Dill | 2 Scheiben Hartkäse (à 20 g; 45 % Fett i. Tr.) | Jodsalz | Pfeffer

Die Vollkornbrotscheibe mit dem Frischkäse bestreichen. Die Gurke in dicke Scheiben schneiden. Den Dill waschen, trockenschütteln, die Blättchen grob hacken.

Das Brot mit Käse belegen, Gurkenscheiben darauf legen, mit Dill, Salz und Pfeffer würzen.

GELBE VARIANTE

Pro Portion ca.: 309 kcal, 24 g Eiweiß, 13 g Fett, 23 g Kohlenhydrate, 5 g Ballaststoffe

Extra: 1 EL Frischkäse (5 % Fett)
1 dünne Scheibe Vollkornbrot

Den Hartkäse in Würfel schneiden, mit 2 EL Frischkäse, Gurkenstücken und gehacktem Dill verrühren. Das Brot damit bestreichen und mit der übrigen Brotscheibe bedecken.

Knäckebrot mit Pfirsichen

→ Blitzrezept, vegetarisch

Zubereitungszeit: 10 Min.
Pro Portion ca.: 264 kcal, 10 g Eiweiß, 5 g Fett, 41 g Kohlenhydrate, 3 g Ballaststoffe

2 Scheiben dünnes Sesamknäckebrot
2 EL Frischkäse (5 % Fett)
1 reifer Pfirsich
1 TL gehackte Pistazien
200 ml Orangensaft

Das Knäckebrot mit Frischkäse bestreichen.

Den Pfirsich waschen, vom Stein befreien und in schmale Spalten schneiden. Die Pfirsichspalten auf den Knäckebrotscheiben verteilen und mit Pistazien bestreuen.

Den Orangensaft dazu trinken.

DER IDEAL-TIPP

Außerhalb der Pfirsichsaison eine süße, aromareiche Birne vom Kerngehäuse befreien und wie den Pfirsich auf das Knäckebrot legen.

GELBE VARIANTE

Pro Portion ca.: 335 kcal, 11 g Eiweiß, 6 g Fett, 57 g Kohlenhydrate, 5 g Ballaststoffe

Extra: 1 kleine Banane

Die Banane schälen, die Hälfte mit einer Gabel zerdrücken, mit dem Frischkäse verrühren und dick auf die Knäckebrotscheiben streichen. Den Rest mit dem Orangensaft pürieren.

Knäckebrot mit Beerenquark

→ Blitzrezept, vegetarisch

Zubereitungszeit: 15 Min.
Pro Portion ca.: 160 kcal, 10 g Eiweiß, 6 g Fett, 16 g Kohlenhydrate, 3 g Ballaststoffe

1 EL Sesamsamen | 50 g süße Himbeeren (frisch oder tiefgekühlt) | 50 g Magerquark
1/4 TL Zimtpulver oder gemahlene Nelken
2 Scheiben sehr dünnes Knäckebrot

Sesamsamen ohne Fett in einer Pfanne kurz rösten und abkühlen lassen. Tiefgekühlte Beeren in der Mikrowelle oder im Topf bei geringer Hitze kurz auftauen lassen. Frische Beeren waschen, putzen und je nach Größe halbieren oder vierteln.

Beeren mit Quark, Zimtpulver oder gemahlenen Nelken verrühren. Den Beerenquark auf die Knäckebrotscheiben streichen und mit Sesamsamen bestreuen.

GELBE VARIANTE

Pro Portion ca.: 226 kcal, 11 g Eiweiß, 6 g Fett, 32 g Kohlenhydrate, 4 g Ballaststoffe

Extra: 2 EL kandierte Ananasstücke

Kandierte Ananasstücke hacken und mit den Sesamsamen über die Knäckebrote streuen.

Stephanies Tipp

Herzhaft statt süß

Zum Frühstück mag ich eher etwas Herzhaftes. Ich rühre daher Quark, Joghurt oder Frischkäse nicht mit Früchten an, sondern mit Gewürzen und frischen Kräutern.

Lachsknäckebrot mit Kiwi

→ Blitzrezept

Zubereitungszeit: 10 Min.
Pro Portion ca.: 325 kcal, 20 g Eiweiß, 12 g Fett, 31 g Kohlenhydrate, 7 g Ballaststoffe

2 Scheiben dünnes Knäckebrot
50 g Magerquark
2 hauchdünne Scheiben Räucherlachs (30 g)
1 EL Sesamsamen | 2 Kiwis

Die Knäckebrotscheiben dick mit Quark bestreichen und mit dem Räucherlachs belegen.

Sesamsamen ohne Fett in einer Pfanne kurz rösten. Kiwis schälen und in dicke Scheiben schneiden.

Kiwischeiben auf den Lachs legen und mit Sesamsamen bestreuen.

GELBE VARIANTE

Pro Portion ca.: 569 kcal, 23 g Eiweiß, 13 g Fett, 84 g Kohlenhydrate, 9 g Ballaststoffe

Extra: 300 ml Apfelsaft
1 Banane

Den Apfelsaft mit der Banane pürieren und den Mix zum Lachsbrot mit Kiwi trinken.

Melonen-Joghurt-Müsli

→ Blitzrezept, vegetarisch, bürotauglich

Zubereitungszeit: 10 Min.
Pro Portion ca.: 297 kcal, 13 g Eiweiß, 7 g Fett, 44 g Kohlenhydrate, 4 g Ballaststoffe

1 EL Mandeln | 2 EL kernige Haferflocken
1/2 kleine Melone (Galia- oder Netzmelone; 300 g) | 150 g Magermilchjoghurt

Mandeln grob hacken und mit den Haferflocken ohne Fett in einer Pfanne kurz rösten.

Die Melonenhälfte von den Kernen befreien, halbieren, das Fruchtfleisch von der Schale lösen und klein schneiden.

Das Fruchtfleisch mit der Mandel-Haferflocken-Mischung unter den Joghurt rühren.

GELBE VARIANTE

Pro Portion ca.: 422 kcal, 14 g Eiweiß, 7 g Fett, 73 g Kohlenhydrate, 6 g Ballaststoffe

Extra: 1 Päckchen Vanillezucker
1 Banane

Vanillezucker mit Mandeln und Haferflocken karamellisieren lassen. Die Banane schälen, zerdrücken und mit den karamellisierten Mandeln und Haferflocken sowie den Melonenstücken unter den Joghurt rühren.

DER IDEAL-TIPP

Die Melonenhälfte, die übrig bleibt, in Frischhaltefolie wickeln oder in einer gut verschließbaren Plastikdose mit in die Arbeit nehmen und als Zwischenmahlzeit genießen.

Himbeer-Hüttenkäse

200 g TK-Himbeeren in einem kleinen Topf bei geringer Hitze auftauen lassen, mit 200 g Hüttenkäse (0,3 % Fett) verrühren, mit Nelken- und Zimtpulver würzen.

Erdbeer-Kefir

150 g TK-Erdbeeren mit 150 ml Kefir im Mixer pürieren, 1/2 TL Schokostreusel unterrühren.

Birnen-Dickmilch

1 große Birne waschen, vom Kerngehäuse befreien, klein schneiden und mit je 100 g Dickmilch und Magerquark verrühren. 1 TL Hafer- und 2 TL Kokosraspel ohne Fett kurz rösten und unter die Birnen-Dickmilch geben. Mit etwas Zimtpulver würzen.

Orangen-Hüttenkäse

1 kleines Stück frischen Ingwer schälen, sehr fein hacken. 3 Orangen schälen und in kleine Würfel schneiden. Orangenstücke, Ingwer, etwas Zimtpulver und 1 EL Rosinen mit 150 g Hüttenkäse (0,3 % Fett) verrühren.

Trauben-Buttermilch-Schale

100 g kernlose helle Trauben waschen, halbieren, mit 150 g Buttermilch und 100 g Magerquark verrühren. Mit etwas Zitronensaft, 1 EL Kokosraspeln und 1 Prise Zimtpulver verrühren.

Rosa Grapefruit mit Vanillequark

1 rosa Grapefruit halbieren, das Fruchtfleisch von der Schale lösen. 2 EL Magerquark mit 1/2 Päckchen Vanillezucker und etwas grob gehackter Zitronenmelisse verrühren und in die Mitte auf die beiden Grapefruithälften geben.

Molke-Orangen-Drink

150 ml ungesüßte Trinkmolke mit 150 ml Orangensaft, 50 ml Kokosmilch und 2 EL Schmelzflocken verrühren.

Birnen-Crunchy-Müsli

1 Birne waschen, vom Kerngehäuse befreien, in mittelgroße Würfel schneiden und in 5 EL Apfelsaft kurz ziehen lassen. 1 EL Sonnenblumenkerne und 1 EL kernige Haferflocken ohne Fett in einer Pfanne rösten. Mit 1 EL Rosinen unter die Birnen geben. Mit gemahlenen Nelken und Zimtpulver würzen.

Schinkenröllchen

1/4 Bund Schnittlauch waschen, einige Schnittlauchhalme beiseite legen, übrigen Schnittlauch in Röllchen schneiden. Mit 50 g Frischkäse (5 % Fett) verrühren, mit Salz und Pfeffer würzen. Auf 2 große Scheiben Putenschinken streichen. 4 Cornichons längs in Streifen schneiden, auf den Putenschinken legen. Schinken aufrollen, mit Schnittlauchhalmen festbinden.

Tomaten-Sandwich

2 große Scheiben GLYX-Ideal-Diät-Brot mit 2 EL Frischkäse (5 % Fett) bestreichen. Mit je 1 Salatblatt und 1 Scheibe gekochten Schinken belegen. 1 Tomate waschen, in Scheiben schneiden. 1 Gewürzgurke ebenfalls in Scheiben schneiden. Beides auf 1 Brotscheibe legen. Mit Kresseblättchen bestreuen, salzen und pfeffern. Mit der zweiten Scheibe Brot bedecken. Zum Transport in Salatblätter einwickeln.

Paprikabrot

1/2 kleine rote Paprikaschote halbieren, putzen, waschen und in kleine Würfel schneiden. Mit 50 g Magerquark und 1 EL Paprikapüree (Ajvar) verrühren. Den Quark dick auf 1 große Scheibe Vollkornbrot mit Kürbiskernen oder Leinsamen streichen. Mit Salz, Pfeffer und Currypulver würzen.

Gurken-Ei-Brot

1 Scheibe GLYX-Ideal-Diät-Brot mit 1 EL Magerquark bestreichen. 1 hart gekochtes Ei pellen, 2 Radieschen waschen. 1 Gewürzgurke, Radieschen und Ei in dicke Scheiben schneiden,

auf dem Brot verteilen. Mit Salz und Pfeffer würzen. 2 Zweige Dill waschen, die Blättchen grob hacken und über das Brot streuen.

Schinken-Gurken-Brot

1 kleine Gewürzgurke in kleine Würfel schneiden. 2 große Scheiben Putenschinken klein schneiden. Mit Gurke, 1 TL Senf und 1 EL Magermilchjoghurt verrühren. Die Masse mit Salz und Pfeffer würzen und dick auf 1 große Scheibe GLYX-Ideal-Diät-Brot streichen.

Bündnerfleisch-Knäcke

30 g Rucola waschen, putzen, die Hälfte hacken, mit 2 EL Magerquark verrühren und mit Salz, Pfeffer und 1 Spritzer Tabasco würzen. 2 hauchdünne Knäckebrote dick mit dem Rucolaquark bestreichen. Übrigen Rucola darauf legen, 4 Scheiben Bündnerfleisch in schmale Streifen schneiden und auf den Rucola geben. Mit Pfeffer bestreuen.

Kiwi-Knäcke

1 Kiwi und 1 weiche Birne schälen. Birne vom Kerngehäuse befreien. Kiwi und Birne mit einer Gabel grob zerdrücken, auf 2 hauchdünne Knäckebrote streichen und mit Zitronenmelisseblättchen bestreuen.

Aprikosen-Brote

50 g reife, süße Aprikosen waschen, entsteinen, klein schneiden und mit etwas Wasser cremig pürieren. Das Püree dick auf 1 große Scheibe Vollkornbrot streichen. Das Brot mit 1 TL gehackten Pistazien bestreuen.

Fruchtbuttermilch

200 g Buttermilch mit 50 g TK-Beeren im Mixer pürieren. Mit etwas gemahlener Nelke würzen.

Birnen-Kokos-Milch

1 große Birne schälen, vom Kerngehäuse befreien, das Fruchtfleisch mit 150 g fettarmer Dickmilch und 50 ml Kokosmilch pürieren. Mit 1 TL gerösteten Kokosraspeln bestreuen.

Birnen-Molke

1 weiche Birne schälen, vom Kerngehäuse befreien und mit 150 ml Molke im Mixer pürieren. Mit wenig gemahlener Nelke und 1/2 Päckchen Vanillezucker würzen.

Aprikosen-Mandel-Milch

3 Aprikosen halbieren und entsteinen. Mit 50 ml Apfelsaft, 50 ml Molke und 1 EL Mandelmus im Mixer sehr fein pürieren.

Himbeer-Buttermilch-Smoothie

100 g TK-Himbeeren mit 50 ml Traubensaft, 100 g Buttermilch und 1 EL Mandelmus im Mixer oder mit dem Pürierstab pürieren.

Energy-Frucht-Drink

Je 50 ml Birnen-, Grapefruit- und Orangensaft mit 1 EL Mandelmus mixen.

Wellness-Cocktail

50 g Magerquark mit 100 ml Kefir, 1 TL Erdnussmus und 50 ml Apfelsaft pürieren. Mit 1 TL gerösteten, gehackten Erdnüssen servieren.

Orangen-Nuss-Milch

100 ml Orangensaft mit 50 ml Molke und 1 TL Erdnussmus pürieren.

Papaya-Kokos-Drink

1 kleine Papaya schälen, halbieren, entkernen und mit 50 ml Kokosmilch, 100 ml Orangensaft und 1/2 Päckchen Vanillezucker pürieren.

Salate & Rohkost

Fruchtiger Eichblattsalat

→ vegetarisch, bürotauglich

Zubereitungszeit: 20 Min.
Pro Portion ca.: 185 kcal, 12 g Eiweiß, 9 g Fett, 12 g Kohlenhydrate, 5 g Ballaststoffe

1 TL gehackte Haselnüsse | 1 kleiner Eichblattsalat
1/8 Salatgurke | 100 g Erdbeeren (frisch oder tiefgekühlt) | 50 g Magerquark | 1 TL Rapsöl
1 TL Apfelessig | 1 EL Apfelsaft | Jodsalz | Pfeffer

Nüsse ohne Fett rösten. Salat putzen, waschen, abtropfen lassen. Gurke schälen, in etwa 1 cm dicke Scheiben schneiden, diese vierteln. Erdbeeren waschen, putzen und klein schneiden.

Salat, Gurke und Erdbeeren vermengen. Quark mit Öl, Essig und Apfelsaft verrühren, mit Salz und Pfeffer würzen. Den Salat damit anmachen. Mit Haselnüssen bestreuen.

GELBE VARIANTE

Pro Portion ca.: 539 kcal, 28 g Eiweiß, 23 g Fett, 53 g Kohlenhydrate, 7 g Ballaststoffe

Extra: 50 g Mehl | 1 großes Ei
100 ml fettarme Milch | 1 TL Rapsöl

Mehl mit Ei und Milch verrühren, 5 Min. quellen lassen. In heißem Öl zwei große Pfannkuchen backen. Salat darauf verteilen. Die Pfannkuchen zusammenklappen oder aufrollen. Zum Mitnehmen in Frischhaltefolie verpacken.

Paprikasalat

→ bürotauglich, preiswert

Zubereitungszeit: 15 Min.
Pro Portion ca.: 154 kcal, 3 g Eiweiß, 11 g Fett, 11 g Kohlenhydrate, 6 g Ballaststoffe

1 rote Paprikaschote | 1 Tomate | 1 TL Essig
1/4 TL Senf | 1 EL Olivenöl | 1/2 Bund Schnittlauch
1 Sardellenfilet | 4 große Salatblätter
Jodsalz | Pfeffer

Paprikaschote halbieren, putzen, waschen und in Würfel schneiden. Tomate waschen, ohne Stielansatz würfeln. Beides mischen.

Essig, Senf, Öl verrühren. Schnittlauch waschen, in Röllchen schneiden. Sardellenfilet abspülen, klein schneiden. Mit Schnittlauch unter die Sauce rühren. Salat waschen, zerkleinern und mit der Sauce unter den Salat geben, salzen und pfeffern.

GELBE VARIANTE

Pro Portion ca.: 377 kcal, 9 g Eiweiß, 12 g Fett, 57 g Kohlenhydrate, 9 g Ballaststoffe

Extra: 2 Brötchen

Brötchen aufschneiden, aushöhlen, Sauce darauf träufeln. Mit Salat, Paprika, Tomate, Sardelle belegen, salzen, pfeffern. Mit Schnittlauch bestreuen.

Chicorée-Orangen-Salat

→ Blitzrezept, vegetarisch, bürotauglich

Zubereitungszeit: 15 Min.
Pro Portion ca.: 168 kcal, 10 g Eiweiß, 3 g Fett, 22 g Kohlenhydrate, 5 g Ballaststoffe

2 Orangen | 1 großer Chicorée
1 EL Zitronensaft | 1 EL Walnusskerne
50 g Frischkäse (5 % Fett)
2 EL fettarme Milch | 1/2 Kästchen Kresse

Orangen oben und unten abschneiden, auf ein Brett setzen und die Schale mit der gesamten weißen Haut ringsum von oben nach unten in einzelnen Streifen sorgfältig abschneiden. Die einzelnen Orangenfilets mit einem scharfen, kleinen Messer entlang der Segmenthäutchen herausschneiden.

Chicorée waschen, putzen, in Ringe schneiden und mit Orangenfilets und Zitronensaft mischen.

Walnusskerne grob hacken, ohne Fett in einer Pfanne kurz rösten. Mit Frischkäse und Milch verrühren und unter den Salat geben. Kresseblättchen abschneiden und über den Salat streuen.

GELBE VARIANTE

Pro Portion ca.: 366 kcal, 17 g Eiweiß, 4 g Fett, 61 g Kohlenhydrate, 8 g Ballaststoffe

Extra: 70 ml Brühe
50 g Instant-Couscous
5 Zweige Petersilie

Brühe erhitzen. Couscous darin zugedeckt bei geringer Hitze 10 Min. quellen, dann abkühlen lassen. Petersilie waschen, trockenschütteln, die Blättchen sehr fein hacken und mit dem Couscous unter den Salat geben.

Kohlrabi-Apfel-Salat

→ Blitzrezept, vegetarisch, preiswert

Zubereitungszeit: 15 Min.
Pro Portion ca.: 167 kcal, 7 g Eiweiß, 6 g Fett, 21 g Kohlenhydrate, 5 g Ballaststoffe

10 g geröstete Erdnusskerne
2 EL Magermilchjoghurt
1 TL Apfelessig | 2 EL Orangensaft
1/4 TL Kurkuma | 1/4 Bund Schnittlauch
1 kleiner Kohlrabi (175 g) | 1 kleiner Apfel (100 g)
Jodsalz | Pfeffer

Die Erdnusskerne fein hacken. Mit Joghurt, Essig, Orangensaft und Kurkuma verrühren. Den Schnittlauch waschen, trockenschütteln, in Röllchen schneiden und unter den Joghurt geben.

Den Kohlrabi schälen. Den Apfel waschen und vom Kerngehäuse befreien. Kohlrabi und Apfel mit Schale in feine Stifte schneiden oder grob raspeln. Mit dem Joghurt vermengen. Den Salat mit Salz und Pfeffer würzen.

GELBE VARIANTE

Pro Portion ca.: 359 kcal, 14 g Eiweiß, 8 g Fett, 57 g Kohlenhydrate, 8 g Ballaststoffe

Extra: 100 ml Gemüsebrühe | 50 g Hirse

Brühe aufkochen lassen. Hirse darin zugedeckt bei geringer Hitze 30 Min. quellen lassen. Die Hirse lauwarm zum Salat servieren.

Rote-Bete-Salat

→ vegetarisch, preiswert, bürotauglich

Zubereitungszeit: 20 Min.
Pro Portion ca.: 231 kcal, 4 g Eiweiß, 11 g Fett, 28 g Kohlenhydrate, 13 g Ballaststoffe

1 große Möhre (150 g) | 1 kleiner Apfel (100 g)
1 kleine, gekochte Rote Bete (150 g) | 3 Gewürznelken | 10 Kümmelsamen | 1 EL Aceto balsamico
1 EL Olivenöl | Jodsalz | Pfeffer

Die Möhre putzen und schälen. Den Apfel schälen und vom Kerngehäuse befreien. Möhre, Apfel und Rote Bete in feine Stifte schneiden.

Nelken und Kümmelsamen im Mörser oder mit dem Rücken eines großen Messers zerdrücken und zu den Salatzutaten geben. Mit Essig und Öl vermengen. Den Salat mit Salz und Pfeffer würzen.

GELBE VARIANTE

Pro Portion ca.: 368 kcal, 8 g Eiweiß, 11 g Fett, 57 g Kohlenhydrate, 17 g Ballaststoffe

Extra: 2 fest kochende Kartoffeln

Die Kartoffeln schälen, in wenig Salzwasser in 25 Min. garen. Die Kartoffeln in Stifte schneiden und noch warm unter den Salat geben.

Karl-Heinz' Tipp

Salat muss sein

An einem Grillabend komme ich an den fetten Würstchen nicht vorbei. Nur achte ich jetzt sehr darauf, dass ich mir auch einen großen Teller Salat oder Rohkost schmecken lasse.

Romanasalat mit Beeren

→ bürotauglich, vegetarisch

Zubereitungszeit: 30 Min.
Pro Portion ca.: 214 kcal, 8 g Eiweiß, 12 g Fett, 16 g Kohlenhydrate, 13 g Ballaststoffe

150 g gemischte Beeren (frisch oder tiefgekühlt)
200 g Spargel (frisch oder aus dem Glas)
1 EL gehackte Walnüsse
2 EL Orangensaft
1/4 TL mittelscharfer Senf
1 EL Himbeeressig | 1 TL Olivenöl
Jodsalz | 1/4 TL Zucker
1 Mini-Romanasalat (Herzblätter)
1/2 Kästchen Kresse

Frische Beeren waschen, putzen und klein schneiden. Tiefgekühlte Beeren in der Mikrowelle oder in einem Topf bei geringer Hitze auftauen lassen.

Den frischen Spargel schälen, die Enden abschneiden und den Spargel in Salzwasser 20 Min. garen. Den Spargel aus dem Glas abtropfen lassen und in Stücke schneiden.

Die Walnüsse ohne Fett in einer kleinen Pfanne rösten. Orangensaft mit Senf, Essig, Öl, Salz und Zucker verschlagen.

Den Salat putzen, waschen und trockenschleudern. Die Kresseblätter abschneiden, mit Salat und der Hälfte der Salatsauce vermengen und anrichten. Spargel und Beeren darauf geben, mit übriger Sauce begießen. Mit Walnüssen bestreuen.

GELBE VARIANTE

Pro Portion ca.: 468 kcal, 19 g Eiweiß, 17 g Fett, 55 g Kohlenhydrate, 16 g Ballaststoffe

Extra: 4 Scheiben Toastbrot
2 EL Frischkäse (5 % Fett)

Toastbrot toasten. 2 Scheiben mit Frischkäse bestreichen, mit Salat belegen und je mit 1 Brotscheibe abdecken. Zum Mitnehmen in Frischhaltefolie einpacken. Restlichen Salat zum Sandwich essen.

Friséesalat mit Trauben

→ bürotauglich, vegetarisch

Zubereitungszeit: 20 Min.
Pro Portion ca.: 249 kcal, 16 g Eiweiß, 10 g Fett, 23 g Kohlenhydrate, 8 g Ballaststoffe

50 g Erbsen (tiefgekühlt) | 50 g Friséesalat
50 g kernlose helle Trauben | 50 g Mungobohnensprossen | 1 Zweig Minze | 75 g Frischkäse (5 % Fett) | 2 EL Gemüsebrühe | 4 EL Apfelsaft
Jodsalz | Pfeffer | 1 EL Sesamsamen

Erbsen auftauen lassen. Salat waschen, putzen und abtropfen lassen. Trauben halbieren, mit Sprossen, Erbsen und Salat vermengen. Minze waschen, fein hacken. Mit Frischkäse, Brühe und Saft verrühren, salzen und pfeffern. Über den Salat geben. Sesam rösten, über den Salat streuen.

GELBE VARIANTE

Pro Portion ca.: 480 kcal, 29 g Eiweiß, 15 g Fett, 54 g Kohlenhydrate, 10 g Ballaststoffe

Extra: 3 Scheiben Toastbrot | 1/2 Kästchen Kresse
75 g Frischkäse (5 % Fett)

Toastbrot toasten. Kresseblättchen abschneiden, mit Frischkäse verrühren. Toasts damit bestreichen, quer halbieren und zum Salat essen.

Orangen-Papaya-Blattsalat

→ vegetarisch, bürotauglich, Blitzrezept

Zubereitungszeit: 15 Min.
Pro Portion ca.: 171 kcal, 7 g Eiweiß, 7 g Fett, 18 g Kohlenhydrate, 9 g Ballaststoffe

1 Mini-Romanasalat (Herzblätter)
1 kleine Papaya (250 g) | 1 Orange
20 g Mungobohnensprossen
1 EL gehackte Walnüsse
50 g Magermilchjoghurt | 1 TL Zitronensaft
1/2 TL mildes Currypulver | Jodsalz | Pfeffer
1/4 Kästchen Kresse

Romanasalat putzen, waschen und abtropfen lassen. Papaya halbieren, von Kernen befreien und in dünne Streifen schneiden.

Orange oben und unten abschneiden, auf ein Brett setzen und die Schale mit der gesamten weißen Haut ringsum von oben nach unten in einzelnen Streifen sorgfältig abschneiden. Die einzelnen Orangenfilets mit einem scharfen kleinen Messer entlang der Segmenthäutchen herausschneiden. Mit Papayastreifen, Salat und Sprossen vermengen.

Walnüsse ohne Fett in einer Pfanne rösten. Mit Joghurt, Zitronensaft und Currypulver verrühren, mit Salz und Pfeffer würzen. Das Dressing über den Salat geben. Kresseblättchen abschneiden und darüber streuen.

GELBE VARIANTE

Pro Portion ca.: 312 kcal, 11 g Eiweiß, 8 g Fett, 47 g Kohlenhydrate, 11 g Ballaststoffe

Extra: 3 Scheiben Weißbrot

Brot in Würfel schneiden, mit den Walnüssen rösten und erst kurz vor dem Servieren unter den Salat mischen.

Apfel-Fenchel-Salat

→ Blitzrezept, vegetarisch, preiswert

Zubereitungszeit: 15 Min.
Pro Portion ca.: 173 kcal, 8 g Eiweiß, 7 g Fett, 19 g Kohlenhydrate, 9 g Ballaststoffe

1 EL Walnusskerne
1 kleine Fenchelknolle (175 g)
1 Apfel | 3 EL Magermilchjoghurt
1/4 TL Zitronensaft | 1/2 Bund Dill
Jodsalz | Pfeffer

Die Walnusskerne hacken und ohne Fett in einer kleinen Pfanne kurz rösten.

Fenchel waschen, putzen und ohne den harten, mittleren Strunk in kleine Stücke schneiden. Apfel waschen, abtrocknen und raspeln. Sofort mit Fenchel, Joghurt und Zitronensaft vermengen.

Dill waschen, trockenschütteln, die Blättchen sehr fein hacken. Mit Walnusskernen unter den Salat geben. Den Salat mit Salz und Pfeffer würzen.

GELBE VARIANTE

Pro Portion ca.: 256 kcal, 8 g Eiweiß, 7 g Fett, 37 g Kohlenhydrate, 10 g Ballaststoffe

Extra: 100 g gesüßte Mandarinen (Dose)

Mandarinen mit 3 EL Saft unter den Salat geben.

Brokkolisalat

→ vegetarisch, bürotauglich

Zubereitungszeit: 20 Min.
Pro Portion ca.: 189 kcal, 10 g Eiweiß, 11 g Fett, 12 g Kohlenhydrate, 10 g Ballaststoffe

1 kleiner Brokkoli (350 g)
Jodsalz | 1 rote Zwiebel
75 g in Öl eingelegte Tomaten
1/4 Bund Basilikum | 1 EL Aceto balsamico
1 TL Zitronensaft | Pfeffer

Brokkoli waschen, putzen und in kleine Röschen teilen (den Stiel für eine Gemüsebrühe verwenden). Röschen 4 Min. in kochendem Salzwasser blanchieren, abschrecken und abtropfen lassen.

Zwiebel schälen und würfeln. Die eingelegten Tomaten abtropfen lassen und in feine Streifen schneiden. Tomatenöl erhitzen, Zwiebel und Tomatenstreifen darin bei mittlerer Hitze kurz dünsten.

Basilikum waschen, trockenschütteln, die Blättchen sehr fein hacken. Mit Essig, Zitronensaft und Tomaten-Zwiebel-Mischung verrühren. Die Sauce mit Salz und Pfeffer kräftig würzen, über den Brokkoli geben und den Salat kurz ziehen lassen.

GELBE VARIANTE

Pro Portion ca.: 270 kcal, 13 g Eiweiß, 11 g Fett, 27 g Kohlenhydrate, 13 g Ballaststoffe

Extra: 100 g mehlig kochende Kartoffel
75 ml Brühe

Kartoffel schälen, in Salzwasser 25 Min. garen. In der Brühe zerdrücken und unter die Salatsauce aus Essig und Zitronensaft rühren. Sauce über den Salat gießen.

Linsen-Rucola-Salat

→ vegetarisch, bürotauglich

Zubereitungszeit: 20 Min.
Pro Portion ca.: 362 kcal, 23 g Eiweiß, 15 g Fett, 34 g Kohlenhydrate, 8 g Ballaststoffe

1 Ei | 50 g rote Linsen | 100 ml Gemüsebrühe
50 g Rucola | 4 Zweige Basilikum | 3 TL Obstessig
1 TL Rapsöl | Jodsalz | Pfeffer | 1 TL Sesamsamen
1/2 kleiner Apfel (40 g)

Ei hart kochen, pellen und halbieren. Linsen mit Brühe aufkochen und 10 Min. köcheln lassen. Rucola waschen, putzen und trockenschütteln. Linsen abtropfen lassen. Basilikum waschen, fein hacken. Mit Essig, Öl, Salz und Pfeffer verrühren. Sesam ohne Fett kurz rösten und zur Sauce geben. Apfel schälen und ohne Kerngehäuse klein schneiden. Mit Rucola, Linsen und Salatsauce vermischen und mit den Eihälften servieren.

GELBE VARIANTE

Pro Portion ca.: 565 kcal, 29 g Eiweiß, 18 g Fett, 72 g Kohlenhydrate, 10 g Ballaststoffe

Extra: 4 Scheiben Toastbrot

Brot toasten. Ei mit Linsen, Apfel, Basilikum, Essig, Öl, Salz und Pfeffer pürieren. Brot damit bestreichen. Mit gehacktem Rucola und Sesam bestreuen.

Austernpilz-Apfel-Salat

→ Blitzrezept, vegetarisch, bürotauglich

Zubereitungszeit: 15 Min.
Pro Portion ca.: 230 kcal, 6 g Eiweiß, 6 g Fett, 47 g Kohlenhydrate, 8 g Ballaststoffe

1 kleine Zwiebel
250 g Austernpilze
1 Apfel | 1 TL Rapsöl
100 ml Gemüsebrühe
5 Zweige Petersilie
1/2 TL Zitronensaft | 1 EL Apfelessig
1 TL Sojasauce | Pfeffer | Zucker

Zwiebel schälen und klein schneiden. Austernpilze putzen. Apfel schälen, vom Kerngehäuse befreien und in feine Scheiben schneiden. Öl erhitzen, Zwiebel darin glasig werden lassen. Pilze und Apfel zugeben und 1 Min. mitbraten. Mit Brühe ablöschen und 5 Min. dünsten.

Petersilie waschen, trockenschütteln und die Blättchen fein hacken. Mit etwas Zitronensaft, Essig und etwas Sojasauce verrühren. Die Sauce mit Pfeffer und wenig Zucker abschmecken und zum Salat geben.

GELBE VARIANTE

Pro Portion ca.: 404 kcal, 12 g Eiweiß, 7 g Fett, 82 g Kohlenhydrate, 10 g Ballaststoffe

Extra: 50 g dünne Bandnudeln

Nudeln nach Packungsaufschrift in reichlich Salzwasser garen, abgießen, kurz abkühlen lassen und unter den Salat geben.

Tomatensalat mit Minze-Paste

→ vegetarisch, bürotauglich, Blitzrezept, preiswert

Zubereitungszeit: 15 Min.
Pro Portion ca.: 104 kcal, 4 g Eiweiß, 6 g Fett, 8 g Kohlenhydrate, 3 g Ballaststoffe

1 Knoblauchzehe | 5 Zweige Minze
1 EL Kapern | 1 EL Zitronensaft | Jodsalz | Pfeffer
1 Zucchino | 3 Tomaten | 1 TL Olivenöl

Knoblauch schälen. Minze waschen, trockenschütteln und bis auf wenige Blätter in einen Mörser geben. Knoblauch dazupressen und mit Kapern fein zerreiben. Die Hälfte des Zitronensaftes unterrühren. Die Paste mit Salz und Pfeffer würzen.

Zucchino und Tomaten waschen, putzen und in Scheiben schneiden. Zucchino in heißem Öl unter Rühren in 4 Min. glasig dünsten, die Paste unterrühren und abkühlen lassen.

Tomaten- und Zucchinoscheiben mit der Paste dachziegelartig auf eine Platte legen. Mit Salz, Pfeffer und restlichem Zitronensaft würzen. Mit den übrigen Minzeblättchen belegen.

GELBE VARIANTE

Pro Portion ca.: 409 kcal, 17 g Eiweiß, 10 g Fett, 61 g Kohlenhydrate, 7 g Ballaststoffe

Extra: 75 g Spaghetti
1 Knoblauchzehe
5 Zweige Minze
1 EL Kapern
1 TL Zitronensaft
1 EL geriebener Parmesan

Spaghetti nach Packungsaufschrift in reichlich Salzwasser garen. Aus Knoblauch, Minze, Kapern und Zitronensaft wie links beschrieben die doppelte Menge an Sauce herstellen.

Tomaten und Zucchino klein würfeln, kurz dünsten und mit der Paste unter die Spaghetti rühren. Mit Parmesan bestreuen.

Radieschensalat mit Lachsschinken

→ Blitzrezept, bürotauglich

Zubereitungszeit: 15 Min.
Pro Portion ca.: 215 kcal, 10 g Eiweiß, 8 g Fett, 26 g Kohlenhydrate, 6 g Ballaststoffe

2 kleine Äpfel (200 g) | 10 große Radieschen
1/3 Kästchen Kresse | 1 TL Apfelessig
1 TL Rapsöl | 40 g Lachsschinken

Äpfel schälen, vom Kerngehäuse befreien. Radieschen waschen und putzen. Äpfel und Radieschen klein schneiden. Kresseblättchen abschneiden und mit Essig und Öl verrühren.

Lachsschinken vom Fettrand befreien und in schmale Streifen schneiden. Mit der Sauce unter den Salat geben.

GELBE VARIANTE

Pro Portion ca.: 370 kcal, 14 g Eiweiß, 8 g Fett, 59 g Kohlenhydrate, 7 g Ballaststoffe

Extra: 100 ml Gemüsebrühe | 40 g Langkornreis

Brühe aufkochen lassen. Den Reis darin zugedeckt bei geringer Hitze 20 Min. quellen und etwas abkühlen lassen. Lauwarm unter den Salat geben.

Garnelen-Zucchino-Salat

→ bürotauglich

Zubereitungszeit: 25 Min.
Pro Portion ca.: 201 kcal, 24 g Eiweiß, 8 g Fett, 8 g Kohlenhydrate, 3 g Ballaststoffe

1 kleiner Zucchino (150 g) | Jodsalz
1 Knoblauchzehe
1 TL Olivenöl | 1 TL Zitronensaft
1 TL Aceto balsamico
150 g Cocktailtomaten
100 g gegarte geschälte Garnelen
5 Zweige Basilikum | Pfeffer

Zucchino waschen, putzen und in dünne Scheiben schneiden. In Salzwasser kurz blanchieren, eiskalt abschrecken und abtropfen lassen.

Knoblauch schälen, hacken und in heißem Öl dünsten. Mit Zitronensaft und Essig ablöschen. Die Zucchinoscheiben kurz mitdünsten und abkühlen lassen.

Tomaten waschen und ohne die Stielansätze vierteln. Garnelen waschen und abtropfen lassen. Basilikum waschen, trockenschütteln, die Blättchen sehr fein hacken. Mit Tomaten und Garnelen unter die Zucchinoscheiben mischen. Den Salat mit Salz und Pfeffer würzen und kurz durchziehen lassen.

GELBE VARIANTE

Pro Portion ca.: 355 kcal, 29 g Eiweiß, 8 g Fett, 40 g Kohlenhydrate, 8 g Ballaststoffe

Extra: 3 kleine Kartoffeln (225 g)

Kartoffeln mit Schale in Wasser 25 Min. garen. Pellen, in dünne Scheiben schneiden und unter den Salat geben.

Bohnen-Matjes-Salat

→ bürotauglich, Blitzrezept

Zubereitungszeit: 15 Min.
Pro Portion ca.: 412 kcal, 23 g Eiweiß, 25 g Fett, 24 g Kohlenhydrate, 7 g Ballaststoffe

100 g Bohnen (frisch oder tiefgekühlt)
Jodsalz | 100 g Matjes (ersatzweise eingelegte Heringsfilets) | 1/2 saurer Apfel
1 kleine Zwiebel | 3 EL Apfelsaft | Jodsalz | Pfeffer
1 dünne Scheibe GLYX-Ideal-Diät-Brot

Frische Bohnen waschen, putzen und klein schneiden. Bohnen 10 Min. in Salzwasser garen. Matjes in kleine Stücke teilen. Apfel waschen, vom Kerngehäuse befreien und in kleine Stücke schneiden. Zwiebel schälen, würfeln.

Bohnen mit Matjes, Apfel, Zwiebel und Apfelsaft vermengen. Salat mit Salz und Pfeffer würzen. Dazu 1 Scheibe GLYX-Ideal-Diät-Brot essen.

GELBE VARIANTE

Pro Portion ca.: 480 kcal, 25 g Eiweiß, 25 g Fett, 38 g Kohlenhydrate, 9 g Ballaststoffe

Extra: 1 Kartoffel

Kartoffel mit Schale 25 Min. garen. Pellen, in Scheiben schneiden, warm unter den Salat geben.

Selleriesalat mit Kalbfleisch

→ bürotauglich

Zubereitungszeit: 20 Min.
Pro Portion ca.: 303 kcal, 34 g Eiweiß, 9 g Fett, 20 g Kohlenhydrate, 11 g Ballaststoffe

1/2 kleiner Knollensellerie (300 g)
1 kleiner Apfel (100 g) | 1 kleine Gewürzgurke
100 g Kalbfleisch | 1 TL Rapsöl
4 EL Magermilchjoghurt
1/4 Kästchen Kresse | Jodsalz | Pfeffer

Sellerie schälen, in sehr feine Streifen schneiden und in wenig Wasser in 5 Min. bissfest dünsten, dann abtropfen lassen. Apfel waschen, vom Kerngehäuse befreien und mit der Gewürzgurke in kleine Würfel schneiden.

Kalbfleisch in heißem Öl von beiden Seiten jeweils 1 Min. braten und in Streifen schneiden. Mit den Selleriestreifen, Apfel- und Gurkenwürfeln, Joghurt und Kresseblättchen verrühren. Mit Salz und Pfeffer pikant würzen. Schmeckt warm oder kalt.

GELBE VARIANTE

Pro Portion ca.: 533 kcal, 46 g Eiweiß 10 g Fett, 43 g Kohlenhydrate, 12 g Ballaststoffe

Extra: 1 längliches Baguettebrötchen
50 g Schafkäse

Den Backofen auf 200° vorheizen. Baguettebrötchen quer halbieren und aushöhlen. Das weiche Innere klein schneiden und unter den Salat geben. Die Hälften mit Salat füllen. Schafkäse darüber bröckeln und im Backofen (Mitte, Umluft 180°) 5 Min. überbacken. Restlichen Salat dazu essen.

Radicchio-Orangen-Salat

→ vegetarisch, bürotauglich

Zubereitungszeit: 30 Min.
Pro Portion ca.: 244 kcal, 8 g Eiweiß, 11 g Fett, 26 g Kohlenhydrate, 7 g Ballaststoffe

1 kleiner Radicchio (100 g) | 2 Orangen
50 g Champignons | 1/2 Bund Petersilie
1 TL Rapsöl | 1 EL Sonnenblumenkerne
2 EL Gemüsebrühe | 2 EL Apfelessig
Jodsalz | Pfeffer | 1 Scheibe Vollkorn-Toastbrot

Radicchio putzen, waschen, abtropfen lassen und in Streifen schneiden. Orangen oben und unten abschneiden, auf ein Brett setzen und die Schale mit der gesamten weißen Haut ringsum von oben nach unten in Streifen sorgfältig abschneiden. Die einzelnen Orangenfilets mit einem scharfen, kleinen Messer entlang der Segmenthäutchen herausschneiden, dabei den Saft auffangen.

Champignons putzen, eventuell abreiben und vierteln. Petersilie waschen, trockenschütteln, die Blättchen fein hacken.

Champignons in heißem Öl unter Wenden 2 Min. braten. Sonnenblumenkerne kurz mitrösten. Mit Brühe, Essig und aufgefangenen Orangensaft ablöschen. Mit Salz und Pfeffer würzen.

Petersilie, Radicchio und Orangenfilets untermischen. Nach Belieben mit Salz und Pfeffer abschmecken. Toastbrot toasten und dazu essen.

ROTE VARIANTE

Pro Portion ca.: 592 kcal, 18 g Eiweiß, 13 g Fett, 97 g Kohlenhydrate, 12 g Ballaststoffe

Extra: 2 große Baguettebrötchen (140 g)

Die Baguettebrötchen quer aufschneiden und aushöhlen. Das weiche Innere hacken, unter die Pilzmasse geben und kurz mitdünsten. Brötchenhälften mit den Salatblättern auskleiden, Orangenfilets und gedünstete Pilze darauf verteilen.

Tomaten-Brot-Salat

→ preiswert

Zubereitungszeit: 20 Min.
Pro Portion ca.: 215 kcal, 6 g Eiweiß, 12 g Fett, 21 g Kohlenhydrate, 8 g Ballaststoffe

1 Scheibe Vollkornbrot mit Leinsamen, Sonnenblumenkernen oder Nüssen | 1 Knoblauchzehe
1 EL Tomatensaft | 1 TL Apfelessig | Jodsalz
Pfeffer | 250 g Fleischtomaten | 1/2 rote Paprikaschote | 1 kleine Zwiebel | 5 Zweige Basilikum
1 EL Olivenöl | 1 TL Aceto balsamico

Brotscheibe entrinden, halbieren und nebeneinander auslegen. Knoblauch schälen und darauf pressen. Tomatensaft mit Apfelessig, etwas Salz und Pfeffer verrühren. Brotscheiben damit beträufeln.

Stielansätze der Tomaten entfernen. Tomaten kurz überbrühen, häuten, halbieren, entkernen und grob würfeln, salzen und pfeffern.

Paprikaschote putzen, waschen und in kleine Würfel schneiden. Zwiebel schälen und klein schneiden. Mit Tomaten- und Paprikawürfeln mischen. Das Brot darüber bröckeln.

Basilikum waschen, trockenschütteln, die Blättchen grob hacken. Mit Salz und Pfeffer über den Salat streuen. Öl und Essig darüber träufeln.

GELBE VARIANTE

Pro Portion ca.: 272 kcal, 8 g Eiweiß, 13 g Fett, 30 g Kohlenhydrate, 10 g Ballaststoffe

Extra: 75 g Mais (Dose) | 5 Zweige Petersilie

Mais abtropfen lassen. Petersilie waschen, trockenschütteln, die Blättchen sehr fein hacken und mit dem Mais unter den Salat geben.

Melonen-Schinken-Salat

→ Blitzrezept, bürotauglich

Zubereitungszeit: 15 Min.
Pro Portion ca.: 241 kcal, 16 g Eiweiß, 8 g Fett, 26 g Kohlenhydrate, 2 g Ballaststoffe

1 kleine Ogen- oder Charentaismelone (300 g)
20 g Rucola | 75 g Lachsschinken
1 TL Zitronensaft | 1 TL Olivenöl
1 TL flüssige Gemüsebrühe
Jodsalz | Pfeffer

Melone halbieren, Kerne entfernen, das Fruchtfleisch aus der Schale lösen und in Würfel schneiden. Rucola waschen, trockenschütteln und grob hacken. Schinken in kleine Würfel schneiden.

Zitronensaft mit Öl, Brühe, Salz und Pfeffer verrühren. Rucola darin wenden und mit den Melonen- und Schinkenwürfeln vermengen.

GELBE VARIANTE

Pro Portion ca.: 472 kcal, 26 g Eiweiß, 12 g Fett, 65 g Kohlenhydrate, 4 g Ballaststoffe

Extra: 2 Brötchen
2 EL Frischkäse (5 % Fett)
1 EL Honig

Die Brötchen quer aufschneiden, die Hälften mit Frischkäse bestreichen. Lachsschinken und Melone nicht klein schneiden, sondern in Scheiben auf die Brötchenhälften legen. Die Salatsauce mit Honig verrühren. Rucola darin wenden und auf den Brötchenhälften verteilen.

Sauerkraut-Apfel-Rohkost

1 kleine Zwiebel schälen und hacken. 1 kleinen Apfel waschen, vom Kerngehäuse befreien und klein schneiden. 100 g Sauerkraut zerkleinern. Zwiebel und Apfel mit 1 TL Rapsöl und 3 EL Apfelsaft untermischen. Mit Pfeffer, Salz und gemahlenem Kümmel würzen.

Melonensalat

1 kleinen Apfel waschen, vom Kerngehäuse befreien und in kleine Würfel schneiden. 50 g Schnittkäse (30 % Fett i. Tr.) ebenfalls würfeln. 1/2 kleine Netzmelone von den Kernen befreien. Mit dem Kugelausstecher kleine Kugeln herauslösen. Melonenkugeln mit Apfel- und Käsewürfeln mischen. 5 EL saure Sahne mit 1/4 TL Senf, 1/2 TL Zitronensaft, Salz und Pfeffer verrühren und über den Salat geben.

Bohnen-Champignon-Salat

150 g TK Brechbohnen in wenig Salzwasser kurz garen. 1 kleine rote Zwiebel schälen und fein hacken. 1 EL Weißweinessig mit 1/4 TL scharfem Senf, Pfeffer und 1 TL Olivenöl verrühren. Bohnen abtropfen lassen, mit der Zwiebel in der Sauce ziehen lassen. 50 g Champignons putzen, eventuell abreiben und in feine Scheiben schneiden. 1/4 Bund Schnittlauch waschen, in Röllchen schneiden und mit Champignons zu den Bohnen geben.

Geflügel-Erbsen-Salat

50 g TK-Erbsen in wenig Salzwasser kurz erhitzen und abkühlen lassen. 100 g Putenschinken in Streifen schneiden. 50 g Champignons putzen, eventuell abreiben und in feine Scheiben schneiden. Mit Erbsen und Schinkenstreifen vermengen. 5 EL Magermilchjoghurt mit Salz, Pfeffer, wenig Currypulver und 1/2 TL Zitronensaft verrühren und mit dem Salat vermischen.

Tunfischsalat

50 g Tunfisch im eigenen Saft (Dose) mit einer Gabel lockern. 2 Cocktailtomaten waschen und vierteln. 1 kleine Zwiebel schälen und hacken. 1 Gewürzgurke in Scheiben schneiden. 1/4 Bund Schnittlauch waschen und in Röllchen schneiden. Alle Zutaten mit Salz, etwas Pfeffer, 1/2 TL Zitronensaft und 1 TL Olivenöl vermengen.

Radieschen mit Tomaten

5 große Radieschen putzen. Radieschen und 8 Cocktailtomaten waschen, beides in kleine Stücke schneiden. Mit 30 g Mungobohnensprossen, 1 TL Olivenöl, 1 TL Apfelessig und 3 EL flüssiger Gemüsebrühe verrühren. 1/4 Bund Petersilie waschen, hacken und über den Salat streuen.

Salatherzen mit Gurke

2 kleine Salatherzen putzen, waschen, abtropfen lassen und zerpflücken. 1/4 kleine Salatgurke waschen, in Scheiben schneiden und mit Salatherzen vermengen. 100 g fettarme Dickmilch mit 1 TL Rapsöl, 1/2 TL Zitronensaft, Salz, Pfeffer, 1/4 TL scharfem Senf und 2 TL gehacktem Dill verrühren und zum Salat geben.

Mandarinen-Chicorée-Salat

1 großen Chicorée halbieren, vom mittleren Strunk befreien, waschen und grob zerkleinern. 1 große Mandarine schälen, in Spalten teilen und diese vierteln. 50 g Magermilchjoghurt mit 1/2 TL Zitronensaft, 1/4 TL scharfem Senf, etwas Currypulver, Salz und Pfeffer würzen. Chicorée mit Mandarinenstückchen vermengen und die Sauce darüber geben. Kurz ziehen lassen.

Linsensalat mit Petersilie und Minze

70 g rote Linsen in Salzwasser in 6 Min. garen, dann abtropfen lassen. 1 Zwiebel schälen, fein hacken.1 kleine grüne Paprikaschote halbieren, putzen, waschen und würfeln. Mit Zwiebeln und Linsen vermengen. 1/2 Bund Petersilie und 1 Zweig Minze waschen, trockenschütteln, die Blättchen fein hacken und mit 1/2 TL Apfelessig, 1 TL Olivenöl, Salz und 1 EL Orangensaft verrühren. Den Salat damit anmachen und ziehen lassen.

Tomaten mit Basilikum

3 große Tomaten waschen und in Scheiben schneiden. 1/2 Bund Basilikum waschen, trockenschütteln, die Blättchen sehr fein hacken. Mit 2 EL flüssiger Gemüsebrühe, 1 EL Aceto balsamico, etwas Salz und Pfeffer verrühren. Über die Tomatenscheiben geben. 1/2 gelbe Paprikaschote putzen, waschen, in kleine Würfel schneiden und über die Tomaten streuen.

Gemüse-Frischkäse

1 Knoblauchzehe schälen und durch die Presse drücken. 1 Möhre schälen, 1 kleinen Zucchino putzen und waschen. Das Gemüse sehr klein schneiden. 1/4 Bund Schnittlauch und 1 Zweig Thymian waschen. Schnittlauch in Röllchen schneiden, Thymian hacken. Alle Zutaten mit 100 g Frischkäse (5 % Fett) verrühren und mit 1/2 TL Zitronensaft, wenig Worcestersauce, Salz und Pfeffer würzen. Mit einigen Salatblättern und 1 Scheibe GLYX-Ideal-Diät-Brot servieren.

Friséesalat mit Filetstreifen

75 g Schweinefilet in 1 TL heißem Rapsöl von allen Seiten 5 Min. anbraten, mit Salz und Pfeffer würzen, abkühlen lassen und in Streifen schneiden. 1/2 kleinen Friséesalat putzen, waschen, trockenschleudern und in mundgerechte Stücke zerpflücken. 1 Feige und 1 Apfel waschen. Die Feige vierteln. Den Apfel vom Kerngehäuse befreien und in dünne Spalten schneiden. 50 g Frischkäse (5 % Fett) mit 1/2 TL Zitronensaft und 5 EL Apfelsaft verrühren, mit Salz und Pfeffer würzen. Salat mit Fleisch, Feige und Apfel und Dressing anrichten. Mit 1 EL gehackten Walnüssen bestreuen.

Fenchelsalat

1 kleine Fenchelknolle waschen, putzen, halbieren, vom mittleren Strunk befreien und in sehr dünne Streifen schneiden. 1 Mandarine schälen, in Spalten teilen und diese in kleine Stücke schneiden. 1 kleine Zwiebel schälen und fein hacken. Einige Radicchioblätter waschen, trockenschütteln, zerpflücken und mit den klein geschnittenen Zutaten vermengen. 1/2 TL Senf, mit 1 EL Rapsöl, 2 EL flüssiger Gemüsebrühe und 1 EL Rotweinessig kräftig verrühren, mit Salz und Pfeffer würzen. Sauce über den Salat geben. 1/2 Bund Petersilie waschen, trockenschütteln, die Blättchen fein hacken und über den Salat streuen.

Rettich-Möhren-Rohkost

1/2 kleinen Rettich (150 g) und 1 Möhre putzen, die Möhre schälen. Beides sehr fein raspeln. 1/2 TL Zitronensaft mit 1/2 TL Senf, 1 EL Rapsöl, Saft 1/2 Orange verrühren. Die Sauce mit Salz, Pfeffer und gemahlenem Koriander würzen. Mit Rettich- und Möhrenraspeln mischen. Die Rohkost kurz ziehen lassen.

Lauchsalat mit Hähnchenbrust

1 Stange Lauch putzen, die dunkelgrünen Enden abschneiden. Lauch längs aufschneiden, gründlich waschen und in Ringe schneiden. 1 Möhre putzen, schälen und in dünne Scheiben schneiden. 1 kleinen Apfel waschen, putzen, vom Kerngehäuse befreien, in kleine Stücke schneiden und mit den übrigen Salatzutaten vermischen. 70 g Frischkäse (5 % Fett) mit 1 ganz frischen Eigelb, 1/2 TL Senf verrühren, mit Salz und Pfeffer würzen. 100 g Hähnchenbrustfilet in 1 TL Rapsöl von allen Seiten kurz anbraten, salzen, pfeffern, in Streifen schneiden und warm zum Salat geben.

Chicoréesalat

1 kleinen Chicorée waschen, putzen, vom mittleren Strunk befreien und in kleine Stücke schneiden. 100 g fettarmen Hüttenkäse, 1/2 TL Tomatenmark und 3 EL Apfelsaft verrühren. Die Sauce mit Salz, Pfeffer und etwas mildem Currypulver würzen, mit dem Salat vermischen.

Gurken-Radieschen-Rohkost

4 Schnittlauchhalme waschen, in Röllchen schneiden. 3 Radieschen putzen, waschen. Radieschen und 1 Gewürzgurke in dünne Stifte schneiden, mit 2 EL Magermilchjoghurt verrühren. Mit Salz, Pfeffer und Schnittlauchröllchen würzen.

Suppen

Kohlrabi-Tomaten-Suppe

→ vegetarisch, preiswert

Zubereitungszeit: 20 Min.
Pro Portion ca.: 134 kcal, 12 g Eiweiß, 2 g Fett, 16 g Kohlenhydrate, 6 g Ballaststoffe

6 Cocktailtomaten
1 kleiner Kohlrabi (200 g)
1 Frühlingszwiebel
400 ml Gemüsebrühe
Jodsalz | Pfeffer | Muskatnuss, frisch gerieben
1/2 Kästchen Kresse

Die Tomaten waschen und halbieren. Den Kohlrabi schälen und in kleine Würfel schneiden. Frühlingszwiebel waschen, putzen und in Ringe schneiden.

Die Brühe erhitzen und die Gemüsestücke darin bei mittlerer Hitze in 10 Min. garen. Mit Salz, Pfeffer und Muskat würzen. Kresseblättchen abschneiden und über die Suppe streuen.

GELBE VARIANTE

Pro Portion ca.: 310 kcal, 18 g Eiweiß, 3 g Fett, 50 g Kohlenhydrate, 8 g Ballaststoffe

Extra: 50 g kleine Suppennudeln

Die Suppennudeln mit den Gemüsestückchen in die Brühe geben und 10 Min. kochen lassen.

Erbsencreme mit Minze

→ preiswert, Blitzrezept

Zubereitungszeit: 15 Min.
Pro Portion ca.: 273 kcal, 19 g Eiweiß, 6 g Fett, 33 g Kohlenhydrate, 9 g Ballaststoffe

200 ml Hühnerbrühe | 150 g TK-Erbsen
1 Scheibe Vollkorn-Toastbrot | 2 Zweige Minze
100 g Magermilchjoghurt | Jodsalz | Pfeffer
edelsüßes Paprikapulver

Brühe aufkochen lassen. Erbsen darin 10 Min. kochen, dann abkühlen lassen. Toastbrot würfeln und ohne Fett rösten. Minze waschen und fein hacken. Suppe mit Joghurt pürieren. Mit Minze, Salz, Pfeffer, Paprikapulver würzen. Nach Belieben kalt oder warm servieren. Mit Brotwürfeln servieren.

GELBE VARIANTE

Pro Portion ca.: 526 kcal, 39 g Eiweiß, 17 g Fett, 53 g Kohlenhydrate, 12 g Ballaststoffe

Extra: 2 Scheiben Toastbrot | 1 kleine Tomate
2 Scheiben Schnittkäse (45 % Fett i. Tr.)

Toastbrot toasten. Tomate waschen, in Scheiben schneiden, darauf legen. Mit Käse bedecken. Bei 250° unterm Grill 1 Min. überbacken. Den Toast zur Suppe servieren.

Schnelle Tomatensuppe

→ preiswert, bürotauglich, Blitzrezept, vegetarisch

Zubereitungszeit: 15 Min.
Pro Portion ca.: 121 kcal, 7 g Eiweiß, 2 g Fett, 18 g Kohlenhydrate, 3 g Ballaststoffe

1/4 l Tomatensaft | 150 ml Gemüsebrühe
Jodsalz | Pfeffer | 1 Spritzer Tabasco
1/4 TL mildes Currypulver | 1/2 TL Zitronensaft
1/2 Bund frischer Thymian oder
1/2 TL getrockneter Thymian
1 dünne Scheibe Vollkornbrot mit Leinsamen, Sonnenblumenkernen oder Nüssen

Tomatensaft und Brühe verrühren. Mit Salz, Pfeffer, Tabasco, Currypulver und Zitronensaft würzen und alles 3 Min. aufkochen lassen.

Thymianblättchen abzupfen und erst kurz vor dem Servieren über die Suppe geben. Getrockneten Thymian mitkochen. Das Vollkornbrot dazu essen.

GELBE VARIANTE

Pro Portion ca.: 295 kcal, 10 g Eiweiß, 2 g Fett, 57 g Kohlenhydrate, 4 g Ballaststoffe

Extra: 50 g Langkornreis

Den Reis in 100 ml kochendem Salzwasser zugedeckt bei geringer Hitze 25 Min. quellen lassen und als Einlage in die Suppe geben.

DER IDEAL-TIPP

Genauso schnell lässt sich mit Möhrensaft eine Karottensuppe zubereiten. Tabasco weglassen und 2 TL Schmand unter die kochende Suppe rühren.

Wirsingsuppe mit Nusscroûtons

→ vegetarisch, preiswert

Zubereitungszeit: etwa 30 Min.
Pro Portion ca.: 298 kcal, 20 g Eiweiß, 14 g Fett, 21 g Kohlenhydrate, 7 g Ballaststoffe

150 g Wirsing | 1 kleine Zwiebel | 4 Cocktailtomaten | 1 TL Rapsöl | 300 ml Gemüsebrühe
Jodsalz | Pfeffer | Muskatnuss, frisch gerieben
1 Scheibe Toastbrot | 50 g Frischkäse (5 % Fett)
1 TL gemahlene Haselnüsse

Vom Wirsing die äußeren Blätter und den mittleren Strunk entfernen. Wirsing waschen und klein schneiden. Zwiebel schälen und fein hacken. Tomaten waschen und vierteln.

Rapsöl in einem Suppentopf erhitzen. Zwiebel darin glasig werden lassen. Wirsing und Tomaten zugeben, mit Brühe ablöschen und zum Kochen bringen. Mit Salz, Pfeffer und Muskat würzen und 10 Min. kochen lassen. Toastbrot entrinden und in Würfel schneiden.

Ein Drittel der Suppe herausnehmen. Den Rest mit Frischkäse pürieren, das nicht pürierte Drittel wieder zugeben und erhitzen, aber nicht kochen.

Brotwürfel ohne Fett in einer Pfanne goldbraun rösten. Nüsse untermischen, kurz mitrösten. Suppe mit Nusscroûtons servieren.

GELBE VARIANTE

Pro Portion ca.: 507 kcal, 39 g Eiweiß, 20 g Fett, 40 g Kohlenhydrate, 8 g Ballaststoffe

Extra: 1 Geflügelwürstchen | 2 Scheiben Toastbrot

Würstchen klein schneiden. Toastbrot in Würfel schneiden, ohne Fett in einer Pfanne rösten und mit den Würstchen als Einlage in die Suppe geben.

Petersiliensuppe

→ vegetarisch, preiswert

Zubereitungszeit: 20 Min.
Pro Portion ca.: 223 kcal, 17 g Eiweiß, 10 g Fett, 17 g Kohlenhydrate, 8 g Ballaststoffe

1 Zwiebel | 150 g Petersilienwurzeln
1 TL Olivenöl | 400 ml Gemüsebrühe
1/2 Bund Petersilie
50 g Frischkäse (5 % Fett)
Jodsalz | Pfeffer
Muskatnuss, frisch gerieben

Die Zwiebel schälen und sehr fein hacken. Die Petersilienwurzeln schälen und in dünne Scheiben schneiden.

Öl erhitzen. Zwiebel und Petersilienwurzeln darin anbraten, bis sie Farbe angenommen haben. Mit Brühe ablöschen, aufkochen lassen und die Suppe bei geringer Hitze weitere 10 Min. kochen lassen.

Die Petersilie waschen, trockenschütteln und die Blättchen sehr fein hacken. Die Suppe mit dem Frischkäse pürieren, mit Salz, Pfeffer und Muskat würzen und mit der Petersilie bestreut servieren.

GELBE VARIANTE

Pro Portion ca.: 319 kcal, 26 g Eiweiß, 11 g Fett, 28 g Kohlenhydrate, 9 g Ballaststoffe

Extra: 2 Scheiben gekochter Schinken
1 kleine Kartoffel (75 g)

Den Schinken in ganz kleine Würfel schneiden. Die Kartoffel schälen, in kleine Stücke schneiden und mitkochen lassen. Die Suppe nochmals pürieren. Mit Schinken und Petersilie bestreut servieren.

Kokos-Möhren-Suppe

→ Blitzrezept, für Gäste

Zubereitungszeit: 15 Min.
Pro Portion ca.: 207 kcal, 9 g Eiweiß, 14 g Fett, 12 g Kohlenhydrate, 7 g Ballaststoffe

1 große Möhre (150 g) | 1 kleine Zwiebel
1 TL Olivenöl | 400 ml Gemüsebrühe
1/2 Bund Petersilie | 3 EL Kokosmilch (Dose)
Jodsalz | Pfeffer | mildes Currypulver

Möhre und Zwiebel schälen, beides in kleine Würfel schneiden. Das Öl erhitzen. Möhre und Zwiebel darin anbraten. Mit Brühe ablöschen und zugedeckt bei geringer Hitze 5 Min. kochen lassen.

Inzwischen die Petersilie waschen, trockenschütteln, die Blättchen sehr fein hacken.

Die Suppe pürieren. Petersilie und Kokosmilch unterrühren. Die Suppe mit Salz, Pfeffer und Currypulver würzen.

GELBE VARIANTE

Pro Portion ca.: 462 kcal, 29 g Eiweiß, 19 g Fett, 43 g Kohlenhydrate, 9 g Ballaststoffe

Extra: 3 Scheiben Toastbrot
50 g gegarte geschälte Garnelen
1/2 Bund Petersilie
50 g Frischkäse (5 % Fett)

Das Toastbrot toasten. Eine Scheibe in Würfel schneiden und mit den Garnelen über die Suppe geben. Die Petersilie sehr fein hacken und mit dem Frischkäse verrühren. Den übrigen Toast damit bestreichen und zur Suppe essen.

DER IDEAL-TIPP

Die übrige Kokosmilch können Sie für die Zubereitung des Papaya-Kokos-Drinks (Seite 49), Chinagemüses (Seite 83) oder der Garnelen in Kokos-Curry-Sauce (Seite 115) verwenden.

Rucola-Suppe

→ vegetarisch, preiswert

Zubereitungszeit: 30 Min.
Pro Portion ca.: 225 kcal, 14 g Eiweiß, 9 g Fett, 19 g Kohlenhydrate, 6 g Ballaststoffe

1 Zwiebel | 1 kleine rote Paprikaschote (150 g)
1 TL Rapsöl | 300 ml Gemüsebrühe | 50 g Rucola
2 EL Frischkäse (5 % Fett) | 2 Spritzer Tabasco
Jodsalz | Pfeffer | 1 Scheibe Toastbrot

Zwiebel schälen und fein hacken. Paprikaschote halbieren, putzen, waschen, klein würfeln. Zwiebel in heißem Öl glasig werden lassen. Paprikawürfel zugeben, mit Brühe ablöschen, zugedeckt 20 Min. köcheln lassen. Rucola waschen, trockenschleudern und sehr fein hacken. Suppe mit Frischkäse pürieren und durch ein Sieb gießen. Rucola darin 2 Min. erhitzen, nicht kochen lassen. Mit Tabasco, Salz und Pfeffer würzen. Brot toasten und dazu essen.

GELBE VARIANTE

Pro Portion ca.: 362 kcal, 18 g Eiweiß, 10 g Fett, 48 g Kohlenhydrate, 11 g Ballaststoffe

Extra: 2 mehlig kochende Kartoffeln

Kartoffeln schälen, würfeln. Mit den Paprikawürfeln kochen und pürieren.

Lauchsuppe mit Lachs

→ preiswert

Zubereitungszeit: 35 Min.
Pro Portion ca.: 324 kcal, 28 g Eiweiß, 17 g Fett, 13 g Kohlenhydrate, 6 g Ballaststoffe

1 kleine Zwiebel | 1 große Stange Lauch (300 g)
1 TL Olivenöl | 400 ml Gemüsebrühe
2 Scheiben Räucherlachs (40 g)
50 g Frischkäse (5 % Fett)
1/2 TL Meerrettich (Glas) | Jodsalz | Pfeffer

Die Zwiebel schälen und klein schneiden. Lauch putzen, längs aufschneiden und gründlich waschen. Das grüne Ende entfernen und wegwerfen, den Rest in Streifen schneiden.

Das Öl erhitzen. Die Zwiebel darin glasig werden lassen. Lauch zugeben und unter Rühren bei mittlerer Hitze kurz mitbraten. Mit Brühe ablöschen und bei geringer Hitze 15 Min. garen. Alles schaumig pürieren.

Den Lachs in dünne Streifen schneiden. Frischkäse und Meerrettich unter die Suppe rühren. Die Lachsstreifen ebenfalls zugeben. Die Suppe mit Salz und Pfeffer würzen.

GELBE VARIANTE

Pro Portion ca.: 442 kcal, 33 g Eiweiß, 18 g Fett, 35 g Kohlenhydrate, 10 g Ballaststoffe

Extra: 1 große, mehlig kochende Kartoffel (150 g)
100 ml Gemüsebrühe

Kartoffel schälen, in kleine Stücke schneiden und mit der zusätzlichen Brühe und dem Lauch 15 Min. garen und pürieren. Den Frischkäse weglassen.

Zuckerschoten-Spargel-Topf

→ für Gäste

Zubereitungszeit: 30 Min.
Pro Portion ca.: 383 kcal, 44 g Eiweiß, 8 g Fett, 31 g Kohlenhydrate, 15 g Ballaststoffe

150 g Zuckerschoten (ersatzweise Erbsen, frisch oder tiefgekühlt) | 1 Möhre
200 g weißer Spargel | 1 kleine Zwiebel
100 g Putenbrust | 1 TL Rapsöl | Jodsalz
Pfeffer | 300 ml Gemüsebrühe
1 EL Zitronensaft | Zucker | 5 Zweige Kerbel

Zuckerschoten waschen und putzen. Frische Erbsen auspalen bzw. tiefgekühlte Erbsen antauen lassen. Möhre putzen, schälen und schräg in Scheiben schneiden. Spargel waschen, schälen, holzige Enden abschneiden. Den Spargel in kleine Stücke schneiden. Zwiebel schälen und würfeln.

Putenbrust in Würfel schneiden. Das Öl erhitzen. Putenbrustwürfel darin anbraten, herausnehmen. Zwiebel und Möhre ins Bratfett geben und anbraten. Mit wenig Salz und Pfeffer würzen. Mit Brühe ablöschen und aufkochen lassen. Zitronensaft, 1 Prise Zucker und Spargel in die Brühe geben und zugedeckt 15 Min. köcheln lassen. Zuckerschoten oder Erbsen zufügen und 5 Min. mitgaren. Fleisch wieder zugeben.

Kerbel waschen, trockenschütteln und hacken. Die Suppe mit Salz, Pfeffer und Zucker abschmecken und mit Kerbel bestreuen.

GELBE VARIANTE

Pro Portion ca.: 581 kcal, 52 g Eiweiß, 11 g Fett, 66 g Kohlenhydrate, 18 g Ballaststoffe

Extra: 50 g Schmetterlingsnudeln
1 TL geriebener Parmesan

Backofen auf 200° vorheizen. Die Nudeln nach Packungsaufschrift in reichlich Salzwasser garen, abtropfen lassen und in eine Auflaufform geben. Suppe wie beschrieben zubereiten, auf die Nudeln geben, mit Parmesan bestreuen und im Ofen (Mitte, Umluft 180°) 30 Min. garen.

Kichererbseneintopf

→ preiswert

Zubereitungszeit: 20 Min.
Pro Portion ca.: 357 kcal, 35 g Eiweiß, 10 g Fett, 32 g Kohlenhydrate, 10 g Ballaststoffe

50 g getrocknete Kichererbsen (ersatzweise 100 g aus der Dose) | 1 Knoblauchzehe
1 kleiner Zucchino (150 g) | 1 kleine Möhre (100 g)
100 g Hähnchenbrustfilet
1 TL Olivenöl | Jodsalz | Pfeffer
Currypulver | 2 TL Zitronensaft
1/2 Bund Petersilie

Getrocknete Kichererbsen über Nacht in reichlich Wasser einweichen. Am nächsten Tag abgießen und 45 Min. kochen lassen. Kichererbsen aus der Dose abgießen und mit etwas Wasser kurz aufkochen lassen.

Knoblauch schälen und durch die Presse zu den Kichererbsen drücken. Zucchino waschen und putzen. Möhre putzen und schälen. Beides in dünne Scheiben schneiden.

Das Fleisch in mittelgroße Stücke schneiden. Das Öl erhitzen. Das Fleisch darin von allen Seiten 3 Min. anbraten. Möhre und Zucchino zugeben, 5 Min. mitdünsten.

Alles zu den Kichererbsen geben, mit Salz, Pfeffer, Currypulver und Zitronensaft würzen und bei geringer Hitze 5 Min. kochen lassen.

Petersilie waschen, trockenschütteln, die Blättchen grob hacken und über den Eintopf streuen.

GELBE VARIANTE

Pro Portion ca.: 426 kcal, 37 g Eiweiß, 10 g Fett, 46 g Kohlenhydrate, 12 g Ballaststoffe

Extra: 1 Kartoffel

Kartoffel schälen, in mittelgroße Würfel schneiden, in Salzwasser 20 Min. garen und mit dem Gemüse zu den Kichererbsen geben und erhitzen.

Linseneintopf mit Schweinefleisch

→ preiswert

Zubereitungszeit: 20 Min.
Pro Portion ca.: 554 kcal, 48 g Eiweiß, 18 g Fett, 50 g Kohlenhydrate, 14 g Ballaststoffe

100 g mageres Schweinefleisch
1 Zwiebel | 1 EL Rapsöl
1/2 Kohlrabi (150 g) | 100 g Erbsen (tiefgekühlt)
60 g rote Linsen | 200 ml Gemüsebrühe
5 Zweige Petersilie
Muskatnuss, frisch gerieben
Aceto balsamico | Jodsalz | Pfeffer

Fleisch in große Würfel schneiden. Zwiebel schälen und in kleine Würfel schneiden. Öl erhitzen und beides darin scharf anbraten.

Kohlrabi schälen und in Würfel schneiden. Mit den unaufgetauten Erbsen und den Linsen zum Fleisch geben, mit der Brühe ablöschen und 10 Min. kochen lassen.

Petersilie waschen, die Blättchen fein hacken, zum Eintopf geben. Den Eintopf mit Muskat, einigen Spritzern Essig, Salz und Pfeffer würzen.

GELBE VARIANTE

Pro Portion ca.: 638 kcal, 52 g Eiweiß, 20 g Fett, 62 g Kohlenhydrate, 17 g Ballaststoffe

Extra: 1 Zwiebel | 1 Scheibe Vollkornbrot
1 TL geriebener Parmesan

Die Zwiebel schälen und in feine Ringe schneiden. Zwiebelringe auf das Brot legen, mit Parmesan bestreuen, auf die Suppe geben und im geschlossenen Topf ziehen lassen.

Champignon-cremesuppe

→ vegetarisch

Zubereitungszeit: 25 Min.
Pro Portion ca.: 233 kcal, 20 g Eiweiß, 12 g Fett, 12 g Kohlenhydrate, 6 g Ballaststoffe

100 g Champignons | 1 kleine Zwiebel
1 kleine Möhre (75 g) | 1 TL Olivenöl
300 ml Gemüsebrühe | 100 g Frischkäse (5 % Fett)
Jodsalz | Pfeffer | Muskatnuss, frisch gerieben
5 Zweige Petersilie

Champignons putzen, eventuell abreiben. Zwiebel schälen, Möhre putzen und schälen, beides in sehr feine Würfel schneiden. Öl erhitzen. Zwiebel, Möhre und Champignons darin kurz anbraten.

Ein Viertel herausnehmen und beiseite stellen. Rest mit Brühe ablöschen, Frischkäse zugeben und pürieren. Mit Salz, Pfeffer und Muskat würzen und bei geringer Hitze 5 Min. einkochen lassen.

Petersilie waschen, trockenschütteln, die Blättchen sehr fein hacken. Mit der beiseite gestellten Champignon-Möhren-Mischung zur Suppe geben.

GELBE VARIANTE

Pro Portion ca.: 414 kcal, 31 g Eiweiß, 19 g Fett, 26 g Kohlenhydrate, 8 g Ballaststoffe

Extra: 50 ml fettarme Milch | 2 EL Hartweizengrieß
1 kleines Ei

Milch aufkochen lassen, Grieß einrühren und dicklich einkochen. Ei unterrühren, mit Salz, Pfeffer und Muskat würzen. Kleine Kugeln daraus formen und in der Brühe ziehen lassen. Wenn die Klößchen aufsteigen, herausnehmen. Brühe, wie oben beschrieben, für die Suppe verwenden. Klößchen in die heiße Champignoncremesuppe geben.

Erbsen-Möhren-Suppe

300 g TK-Erbsen-Möhren-Mischung in wenig Salzwasser kurz kochen lassen. 1 kleine Zwiebel schälen und fein hacken. 1 Salatherz putzen, waschen, zerpflücken. 1 TL Rapsöl erhitzen. Zwiebel darin glasig werden lassen, Salat zugeben und zusammenfallen lassen. Etwa die Hälfte des Gemüses und 200 ml Gemüsebrühe zugeben. Übriges Gemüse mit 100 ml Brühe pürieren, unter die Suppe rühren, aufkochen lassen. Mit Salz, Pfeffer, wenig Muskat und 1 Zweig gehackter Minze würzen.

Hühnercremesuppe

100 g gebratenes Hähnchenbrustfilet und 1 Scheibe Weißbrot klein schneiden. Beides mit 2 EL gehackten Mandeln in 300 ml Hühnerbrühe erhitzen, mit 100 g Frischkäse (5 % Fett) cremig pürieren. Mit Salz, Pfeffer, Muskat würzen.

Rote-Linsen-Suppe

60 g rote Linsen mit 2 Lorbeerblättern in 300 ml Gemüsebrühe 10 Min. garen. 1 kleine Möhre putzen und schälen. 2 Frühlingszwiebeln putzen und waschen. Beides klein schneiden und in 1 TL heißem Rapsöl 3 Min. dünsten. Mit 50 g Frischkäse (5 % Fett) zu den Linsen geben, nochmals aufkochen lassen und mit wenig rosenscharfem Paprikapulver, Salz, Pfeffer und etwas Apfelessig würzen.

Endiviensuppe

1 kleine Zwiebel schälen und fein hacken. 1/2 kleinen Endiviensalat putzen, waschen und in schmale Streifen schneiden. 1 TL Rapsöl erhitzen. Zwiebel darin glasig werden lassen. Salat zugeben und bei geringer Hitze zusammenfallen lassen. Mit 300 ml Gemüsebrühe ablöschen. 4 Zweige Petersilie und 1/4 Bund Schnittlauch waschen. Petersilie sehr fein hacken, Schnittlauch in Röllchen schneiden und beides zur Suppe geben. Mit Salz, Pfeffer, 1/2 TL Zitronensaft würzen. 1 Eigelb mit 50 g Frischkäse (5 % Fett) verrühren, unter die Suppe geben, nochmals 3 Min. erwärmen, aber nicht kochen lassen.

Kräutercremesuppe mit Forellenfilet

1 TL Butter in einem Topf erhitzen, 1 TL Mehl zugeben und darin kurz anschwitzen, 300 ml Gemüsebrühe zugeben und zum Kochen bringen. 1/2 Bund Dill und 1/3 Bund Schnittlauch waschen. Dill grob hacken, Schnittlauch in Röllchen schneiden. Kräuter (Glas) mit 100 g Kräuterfrischkäse (5 % Fett) und 1 TL Meerrettich (Glas) zur Brühe geben und alles sehr fein pürieren. 75 g geräuchertes Forellenfilet in mundgerechte Stücke schneiden, in die Suppe geben, nochmals 3 Min. erwärmen, mit Salz, Pfeffer und Muskat würzen.

Gurkensuppe mit Garnelen

1 rote Zwiebel schälen und fein hacken. 250 g Gemüsegurke waschen und in Scheiben schneiden. 1 TL Rapsöl erhitzen. Zwiebel und Gurkenscheiben darin glasig werden lassen. Mit 300 ml Gemüsebrühe ablöschen und pürieren. Mit 100 g gegarten geschälten Garnelen erneut erhitzen. 1/2 Bund Kerbel waschen, trocken schütteln und fein hacken. Die Suppe mit Kerbel, Salz, Pfeffer, wenig mildem Currypulver und Muskat kräftig würzen.

Tomatensuppe mit Rotbarsch

150 g TK-Rotbarschfilet antauen lassen. 1 kleine Zwiebel und 1 Knoblauchzehe schälen, beides fein hacken und in 1 TL Olivenöl glasig werden lassen. Mit 200 ml passierten Tomaten (Packung) und 200 ml Fischfond (Glas) ablöschen. Angetautes Rotbarschfilet in mundgerechte Stücke schneiden, in der Suppe 5 Min. ziehen lassen. 1/2 Bund Petersilie waschen, trockenschütteln, die Blättchen hacken. Suppe mit Petersilie, Salz, Pfeffer und einigen Spritzern Tabasco würzen.

Kalte Rote-Bete-Suppe

1 Frühlingszwiebel putzen, waschen und klein schneiden. 1 gegarte Rote Bete und 1 große Gewürzgurke ebenfalls klein schneiden und mit der Frühlingszwiebel, 50 g Kräuterquark und 300 g Buttermilch pürieren. 1/2 Bund Peter-

silie waschen, die Blättchen grob hacken und unter die kalte Suppe geben. Mit Salz, Pfeffer und wenig Tabasco pikant würzen.

Gemüsesuppe

1 kleine Möhre, 1 Frühlingszwiebel, 1 kleine Stange Staudensellerie putzen, waschen, eventuell schälen und in dünne, kurze Streifen schneiden. Gemüse 5 Min. in 1 TL heißem Rapsöl dünsten. Mit 350 ml Gemüsebrühe ablöschen und aufkochen lassen. Mit Salz, Pfeffer, Muskat, etwas mildem Paprikapulver würzen. Einige Basilikumblätter waschen, fein hacken und über die Suppe streuen.

Spinatsuppe

1 kleine Möhre und 1 große Zwiebel schälen und sehr fein schneiden. Beides in 1 TL heißem Rapsöl 3 Min. braten. Mit 300 ml Gemüsebrühe ablöschen, 75 g TK-Spinat zugeben und aufkochen lassen. Die Suppe pürieren, erneut erhitzen und mit Salz, Pfeffer, Muskat, etwas Nelkenpulver würzen. Mit 1 EL geriebenem Parmesan servieren.

Paprikacremesuppe

1 kleine rote Paprikaschote halbieren, putzen, waschen und in kleine Würfel schneiden. 1 kleinen Apfel waschen, vom Kerngehäuse befreien und ebenfalls würfeln. 1 Bund Frühlingszwiebeln putzen, waschen und sehr fein hacken. 1 TL Rapsöl erhitzen. Frühlingszwiebeln darin glasig werden lassen. Apfel- und Paprikawürfel zugeben und 4 Min. mitdünsten. Mit 300 ml Gemüsebrühe ablöschen und aufkochen lassen. Die Hälfte pürieren, mit der übrigen Suppe erneut erhitzen. Mit Salz, Pfeffer, etwas Muskat und mildem Currypulver würzen. 1 TL Mandelblättchen ohne Fett rösten und über die Suppe streuen.

Kalte Kefir-Zucchino-Creme

1 Zucchino waschen, putzen und klein schneiden. 1 TL Olivenöl erhitzen. Zucchino darin 3 Min. braten und abkühlen lassen. Mit 150 ml Kefir und 150 ml Gemüsebrühe pürieren. 3 Zweige Minze waschen, die Blättchen fein hacken. Die Creme mit Minze, wenig Tabasco, Salz, Pfeffer und etwas Muskat pikant würzen.

Papayasuppe mit Krabben

1 kleine Zwiebel schälen und fein hacken. Das Fruchtfleisch von 1 kleinen Papaya klein schneiden. 1 TL Rapsöl erhitzen. Zwiebel darin glasig werden lassen, Papaya 3 Min. mitdünsten. Mit 1/4 l Hühnerbrühe ablöschen, aufkochen lassen und pürieren. Mit 100 g gegarten geschälten Krabben erneut erhitzen und mit Salz, Pfeffer und mildem Currypulver würzen.

Gemüseeintopf

200 g TK-Gemüsemischung in 150 ml Gemüsebrühe und 5 EL passierten Tomaten (Packung) mit 2 Lorbeerblättern aufkochen und offen 5 Min. köcheln lassen. 3 Zweige Basilikum und 1/2 Bund Petersilie waschen, Blättchen grob hacken und zum Eintopf geben. Mit Salz, Pfeffer, Muskat und wenig Paprikapulver würzen.

Bohneneintopf

1 Dose Kidneybohnen (200 g Abtropfgewicht) abtropfen lassen. Mit 150 g TK-Spinat in 200 ml Gemüsebrühe aufkochen lassen. 1 Knoblauchzehe schälen, durch die Presse dazudrücken. 4 Cocktailtomaten waschen, klein schneiden und zum Eintopf geben. Mit getrocknetem Thymian, Salz und Pfeffer kräftig würzen. Mit 1 EL grob geriebenem Parmesan bestreuen.

Zwiebelsuppe mit Shiitake-Pilzen

1 Bund Frühlingszwiebeln putzen, waschen, in dünne Ringe schneiden und in 1 TL Rapsöl glasig werden lassen. Mit 300 ml Hühnerbrühe ablöschen und aufkochen lassen. 100 g Shiitake-Pilze putzen, die Hüte in dünne Scheiben schneiden und in der Suppe 5 Min. ziehen lassen. 1/4 Bund Schnittlauch waschen, in Röllchen schneiden und mit 1 EL Sojasauce zur Suppe geben. Mit Cayennepfeffer pikant würzen.

Gemüse

Weißkohlrouladen

→ vegetarisch, preiswert

Zubereitungszeit: 50 Min.
Pro Portion ca.: 136 kcal, 12 g Eiweiß, 3 g Fett, 13 g Kohlenhydrate, 7 g Ballaststoffe

6 große Weißkohlblätter | 1 Tomate | 75 g Möhren 20 g Magerquark | Jodsalz | Pfeffer | mildes Currypulver | Thymian | 50 g Frischkäse (5 % Fett) 50 ml Gemüsebrühe | 2 TL Tomatenmark

Weißkohlblätter kurz blanchieren, eiskalt abschrecken. Tomate klein schneiden.

Ofen auf 180° vorheizen. Möhre putzen, schälen und würfeln, mit Tomate unter den Quark rühren. Mit Salz, Pfeffer, etwas Currypulver und reichlich getrocknetem Thymian würzen.

2 Kohlblätter flach auslegen. Rest klein schneiden, in eine Auflaufform geben, würzen. Quark auf den Blättern verteilen. Aufrollen, in die Form geben. Im Ofen (Mitte, Umluft 160°) 20 Min. backen. Frischkäse, Brühe, Tomatenmark verrühren, darüber geben. Den Auflauf in weiteren 10 Min. fertig garen.

GELBE VARIANTE

Pro Portion ca.: 326 kcal, 18 g Eiweiß, 4 g Fett, 54 g Kohlenhydrate, 8 g Ballaststoffe

Extra: 50 g Reis | 150 ml Gemüsebrühe

Reis in der Brühe 20 Min. quellen lassen. Ein Drittel unter den Quark geben. Rest dazu servieren.

Pilz-Auberginen-Auflauf

→ vegetarisch

Zubereitungszeit: 55 Min.
Pro Portion ca.: 242 kcal, 28 g Eiweiß, 8 g Fett, 13 g Kohlenhydrate, 7 g Ballaststoffe

5 Zweige Thymian | 1 kleine Zwiebel | 1/2 kleine Aubergine (150 g) | 100 g Champignons | 2 TL Zitronensaft | Jodsalz | Pfeffer | 1 Ei | 1 EL Tomatenmark 100 g Magerquark | 4 EL fettarme Milch

Ofen auf 200° vorheizen. Thymian waschen, fein hacken. Zwiebel schälen. Aubergine waschen, putzen. Champignons putzen, eventuell abreiben. Gemüse klein schneiden. Mit Thymian und Zitronensaft, Salz und Pfeffer würzen. In eine kleine Auflaufform geben. Ei mit Tomatenmark, Quark und Milch verrühren. Über den Auflauf geben und im Backofen (Mitte, Umluft 180°) 30 Min. backen.

GELBE VARIANTE

Pro Portion ca.: 345 kcal, 31 g Eiweiß, 8 g Fett, 34 g Kohlenhydrate, 11 g Ballaststoffe

Extra: 1 große Kartoffel (150 g)

Kartoffel mit Schale in 20 Min. garen. Pellen, in dünne Scheiben schneiden. Mit dem Gemüse in die Form geben.

Chicorée-Schinken-Auflauf

→ preiswert

Zubereitungszeit: 50 Min.
Pro Portion ca.: 239 kcal, 24 g Eiweiß, 7 g Fett, 17 g Kohlenhydrate, 4 g Ballaststoffe

1 Chicorée | 1 TL Rapsöl
1 TL Zitronensaft | 100 ml Gemüsebrühe
1 Orange | 3 dünne Scheiben gekochter Schinken (35 g) | 100 g Magerquark
Jodsalz | Pfeffer

Chicorée waschen, putzen, längs halbieren, vom mittleren Strunk befreien und die Schnittfläche 2 Min. in heißem Öl anbraten. Mit Zitronensaft und der Hälfte der Brühe ablöschen, abkühlen lassen.

Backofen auf 180° vorheizen. Orange oben und unten abschneiden, auf ein Brett setzen und die Schale mit der gesamten weißen Haut ringsum von oben nach unten in einzelnen Streifen sorgfältig abschneiden. Die einzelnen Orangenfilets mit einem kleinen scharfen Messer entlang der Segmenthäutchen herausschneiden. Schinken in Streifen schneiden.

Chicoréehälften in Streifen schneiden, mit Orangenfilets, Schinkenstreifen mischen und in eine Auflaufform geben. Quark und übrige Brühe verrühren und darüber geben. Mit Salz und Pfeffer würzen. Im Backofen (Mitte, Umluft 160°) 30 Min. backen.

GELBE VARIANTE

Pro Portion ca.: 340 kcal, 27 g Eiweiß, 9 g Fett, 36 g Kohlenhydrate, 5 g Ballaststoffe

Extra: 2 Scheiben Toastbrot

Toastbrot toasten und in die Auflaufform legen. Chicorée und die übrigen Zutaten, wie beschrieben, darauf schichten und backen.

Gefüllter Zucchino

→ bürotauglich

Zubereitungszeit: 1 Std. 25 Min.
Pro Portion ca.: 292 kcal, 38 g Eiweiß, 13 g Fett, 6 g Kohlenhydrate, 2 g Ballaststoffe

1 Zucchino (150 g) | 1 kleine Zwiebel | 1 Sardellenfilet | 75 g mageres Rindfleisch (z. B. aus dem Bug) 2 EL Gemüsebrühe | 1 Ei | 50 g Frischkäse (5 % Fett) | Thymian, frisch oder getrocknet Jodsalz | Pfeffer | Muskatnuss, frisch gerieben

Zucchino waschen, putzen, längs halbieren, entkernen. Zwiebel schälen, hacken. Sardellenfilet klein schneiden. Ofen auf 200° vorheizen. Fleisch sehr fein schneiden, mit der Brühe pürieren. Mit Ei, Zwiebel, Sardelle und Frischkäse vermengen. Mit Gewürzen würzen. Zucchinohälften mit Masse füllen, zusammenklappen. In Alufolie wickeln. Im Ofen (Mitte, Umluft 180°) 1 Std. garen.

GELBE VARIANTE

Pro Portion ca.: 490 kcal, 42 g Eiweiß, 16 g Fett, 42 g Kohlenhydrate, 8 g Ballaststoffe

Extra: 3 fest kochende Kartoffeln
1/2 TL Olivenöl | edelsüßes Paprikapulver

Kartoffeln waschen, längs halbieren, dünn mit Öl einpinseln, würzen. Im Backofen 1 Std. mitgaren.

Pikanter Birnenauflauf

→ preiswert

Zubereitungszeit: 1 Std.
Pro Portion ca.: 392 kcal, 33 g Eiweiß, 14 g Fett, 34 g Kohlenhydrate, 8 g Ballaststoffe

1 Birne | 1 TL Zitronensaft
75 g gekochter Schinken
1 Stange Lauch (200 g)
50 g Frischkäse (5 % Fett) | 3 EL fettarme Milch
1/4 TL gemahlener Koriander
1 EL Paniermehl | 1 Ei

Backofen auf 180° vorheizen. Birne schälen, vom Kerngehäuse befreien, in Spalten schneiden und mit Zitronensaft beträufeln. Schinken würfeln. Lauch putzen, längs aufschneiden und gründlich waschen, die dunkelgrünen Enden wegschneiden. Übrigen Lauch in dünne Ringe schneiden.

Die Hälfte vom Lauch und dem Schinken in eine kleine Auflaufform geben. Birnen darauf verteilen, mit übrigem Schinken und Lauch bedecken.

Frischkäse mit Milch, Koriander, Paniermehl und Ei verrühren, kräftig mit Salz und Pfeffer würzen, über die Schinken-Lauch-Mischung geben und im Backofen (Mitte, Umluft 160°) 45 Min. backen.

GELBE VARIANTE

Pro Portion ca.: 495 kcal, 36 g Eiweiß, 14 g Fett, 55 g Kohlenhydrate, 12 g Ballaststoffe

Extra: 1 große mehlig kochende Kartoffel (100 g)
1 TL Kurkuma

Kartoffel schälen, in Salzwasser 20 Min. garen, abgießen, noch heiß durch die Kartoffelpresse drücken. Mit Kurkuma, Milch, Koriander, Paniermehl und Ei verrühren. Auf dem Auflauf verteilen und wie beschrieben backen.

Auberginen-Tomaten-Auflauf

→ vegetarisch, preiswert

Zubereitungszeit: 50 Min.
Pro Portion ca.: 338 kcal, 20 g Eiweiß, 16 g Fett, 29 g Kohlenhydrate, 9 g Ballaststoffe

1/2 kleine Aubergine (100 g) | 1 Tomate
1 kleine Zwiebel | 1 TL Olivenöl
Jodsalz | Pfeffer | Zimtpulver
2 Scheiben dunkles Vollkornbrot mit Leinsamen, Sonnenblumenkernen oder Nüssen
1 Ei | 3 Zweige Basilikum
1 EL Magerquark | 1 TL geriebener Parmesan
Muskatnuss, frisch gerieben

Die Aubergine putzen, 3 Min. in kochendes Wasser geben, herausnehmen, die Haut abziehen und das Fruchtfleisch würfeln. Stielansatz der Tomate entfernen. Tomate kurz überbrühen, häuten und würfeln.

Zwiebel schälen und klein schneiden, in heißem Öl glasig werden lassen. Auberginen- und Tomatenwürfel zugeben und bei geringer Hitze dünsten. Mit Salz, Pfeffer und Zimtpulver würzen.

Den Backofen auf 200° vorheizen. Das Brot entrinden, in große Würfel schneiden und mit dem Gemüse in eine kleine Auflaufform schichten. Ei trennen, das Eiweiß steif schlagen.

Basilikum waschen, trockenschütteln, die Blättchen grob hacken. Mit Eigelb, Quark und Parmesan verrühren, mit Salz, Pfeffer und Muskat würzen. Den Eischnee unterheben und die Masse über dem Auflauf verteilen. Im Backofen (Mitte, Umluft 180°) 20 Min. backen.

GELBE VARIANTE

Pro Portion ca.: 414 kcal, 23 g Eiweiß, 17 g Fett, 41 g Kohlenhydrate, 12 g Ballaststoffe

Extra: 100 g Mais (Dose) | 1 Prise Kreuzkümmel

Den Mais abtropfen lassen und mit Kreuzkümmel unter das Gemüse mischen.

Möhren mit Kürbiskernen

→ vegetarisch

Zubereitungszeit: 25 Min.
Pro Portion ca.: 207 kcal, 8 g Eiweiß, 11 g Fett, 19 g Kohlenhydrate, 16 g Ballaststoffe

2 große Möhren (300 g) | 100 g Staudensellerie
1 EL Kürbiskerne | 1 TL Olivenöl | 1 TL Zitronensaft
1 TL Sojasauce | 1 EL Aceto balsamico
50 ml Gemüsebrühe | 2 Zweige Petersilie
2 EL Mungobohnensprossen

Möhren putzen, schälen. Sellerie waschen und putzen. Beides in Scheiben schneiden. Kürbiskerne ohne Fett rösten. Öl zugeben, erhitzen. Gemüse darin 4 Min. anbraten. Mit Zitronensaft, Sojasauce, Essig und Brühe ablöschen. Gemüse unter Rühren bissfest garen. Petersilie waschen, trockenschütteln und hacken, mit den Sprossen zum Gemüse geben.

GELBE VARIANTE

Pro Portion ca.: 443 kcal, 17 g Eiweiß, 17 g Fett, 54 g Kohlenhydrate, 19 g Ballaststoffe

Extra: 50 g breite Bandnudeln | 1 EL Erdnussmus

Bandnudeln nach Packungsaufschrift in reichlich Salzwasser garen, abtropfen lassen, mit Erdnussmus unter das Gemüse geben.

Wirsing-Pilz-Pfanne

→ preiswert

Zubereitungszeit: 25 Min.
Pro Portion ca.: 225 kcal, 27 g Eiweiß, 10 g Fett, 6 g Kohlenhydrate, 7 g Ballaststoffe

4 hauchdünne Scheiben geräucherter Schinken (100 g) | 200 g Wirsing | 100 g Champignons
1 Zwiebel | 1/4 Bund Petersilie | 1 TL Rapsöl
1 TL Zitronensaft | Jodsalz | Pfeffer

Den Schinken in kleine Würfel schneiden. Den Wirsing waschen, putzen, vom mittleren Strunk befreien und in schmale Streifen schneiden.

Die Champignons putzen, eventuell abreiben und in Scheiben schneiden. Die Zwiebel schälen und fein würfeln. Die Petersilie waschen, trockenschütteln, die Blättchen fein hacken.

Das Öl erhitzen. Die Zwiebel darin glasig werden lassen. Schinkenwürfel und Wirsingstreifen zugeben und beides unter Rühren 4 Min. braten.

Champignons und Zitronensaft zugeben und das Gemüse bei geringer Hitze 4 Min. dünsten. Mit Petersilie, Salz und Pfeffer würzen.

GELBE VARIANTE

Pro Portion ca.: 425 kcal, 33 g Eiweiß, 12 g Fett, 45 g Kohlenhydrate, 9 g Ballaststoffe

Extra: 100 ml Gemüsebrühe | 50 g Naturreis

Brühe aufkochen lassen. Reis zugeben und darin zugedeckt bei geringer Hitze 30 Min. quellen lassen. Als Beilage zur Wirsing-Pilz-Pfanne servieren.

Gefüllter Kohlrabi

→ raffiniert

Zubereitungszeit: 50 Min.
Pro Portion ca.: 385 kcal, 47 g Eiweiß, 16 g Fett, 12 g Kohlenhydrate, 4 g Ballaststoffe

1 Kohlrabi | Jodsalz | 100 g Hähnchenbrustfilet
1 TL Rapsöl | Pfeffer | 2 Scheiben Lachsschinken
1 TL Zitronensaft | 2 EL Frischkäse (5 % Fett) | 1 Ei

Kohlrabi putzen, schälen und in Salzwasser 15 Min. garen. Kohlrabi aushöhlen, das Fruchtfleisch klein schneiden. Ofen auf 200° vorheizen. Fleisch fein würfeln, in heißem Öl braten, mit Salz und Pfeffer würzen. Lachsschinken würfeln. Mit Hähnchenfleisch, Zitronensaft, Frischkäse, Ei und dem Kohlrabifleisch vermengen, pürieren, salzen und pfeffern. Kohlrabi damit füllen, in eine Form geben. Im Ofen (Mitte, Umluft 180°) 20 Min. garen.

GELBE VARIANTE

Pro Portion ca.: 540 kcal, 52 g Eiweiß, 18 g Fett, 42 g Kohlenhydrate, 5 g Ballaststoffe

Extra: 100 ml Gemüsebrühe | 50 g Rundkornreis
6 Zweige Petersilie

Brühe aufkochen, Reis darin 20 Min. quellen lassen. Petersilie waschen, hacken. Reis pfeffern, mit Petersilie unter die Kohlrabimasse geben. Kohlrabi damit füllen. Rest kurz garen, als Beilage genießen.

Lauchcurry

→ exotisch

Zubereitungszeit: 20 Min.
Pro Portion ca.: 306 kcal, 33 g Eiweiß, 12 g Fett, 16 g Kohlenhydrate, 12 g Ballaststoffe

100 g Putenbrust | 1 TL Zitronensaft
1 TL mildes Currypulver | 1 EL Sojasauce
350 g Lauch | 1 große Möhre (150 g)
1 kleines Stück | frischer Ingwer
(etwa haselnussgroß) | 1 TL Olivenöl | Jodsalz
Pfeffer | 10 g Cashewkerne

Das Fleisch in dünne Streifen schneiden. Zitronensaft, Currypulver und Sojasauce verrühren. Das Fleisch darin kurz einlegen.

Den Lauch putzen, das dunkelgrüne Ende abschneiden und wegwerfen. Den Lauch längs aufschneiden, gründlich waschen und in Streifen schneiden. Die Möhre putzen, schälen und raspeln. Ingwer schälen und und sehr fein hacken.

Das Fleisch aus der Marinade nehmen, abtupfen, in heißem Öl unter Wenden 3 Min. braten und herausnehmen.

Lauch- und Möhrenstreifen im Bratfett 2 Min. braten, Fleisch wieder zugeben. Marinade mit Ingwer aufkochen lassen, zum Curry geben. Mit Salz und Pfeffer würzen, mit Cashewkernen bestreuen.

GELBE VARIANTE

Pro Portion ca.: 423 kcal, 36 g Eiweiß, 13 g Fett, 39 g Kohlenhydrate, 14 g Ballaststoffe

Extra: 100 g kleine Maiskolben (Glas) | 1 EL Zucker

Maiskölbchen abtropfen lassen. Zucker unter die Marinade rühren. Maiskölbchen zusammen mit dem übrigen Gemüse braten.

Spinat mit Austernpilzen

→ vegetarisch

Zubereitungszeit: 25 Min.
Pro Portion ca.: 325 kcal, 20 g Eiweiß, 16 g Fett, 27 g Kohlenhydrate, 9 g Ballaststoffe

200 g Spinat | 100 g Austernpilze
1 Frühlingszwiebel
1 Stück frischer Ingwer (etwa haselnussgroß)
2 Zweige Basilikum | 1 EL Rapsöl
1 EL Sojasauce | 100 ml Orangensaft
100 g Frischkäse (5 % Fett) | Jodsalz | Pfeffer

Spinat waschen, verlesen, von den groben Stielen befreien und abtropfen lassen. Pilze putzen und die Stielenden abschneiden. Frühlingszwiebel putzen, waschen und in Ringe schneiden. Ingwer schälen und fein hacken. Basilikum waschen, die Blättchen grob hacken.

Öl erhitzen, Frühlingszwiebel darin andünsten, Spinat ausdrücken, zugeben und zusammenfallen lassen. Sojasauce, Orangensaft und Frischkäse verrühren. Mit Pilzen zugeben, zugedeckt bei geringer Hitze 4 Min. dünsten lassen. Mit Salz und Pfeffer würzen. Basilikum zugeben und servieren.

GELBE VARIANTE

Pro Portion ca.: 542 kcal, 28 g Eiweiß, 20 g Fett, 64 g Kohlenhydrate, 12 g Ballaststoffe

Extra: 100 ml Gemüsebrühe
50 g dünne Reis- oder Glasnudeln
2 Spritzer Tabasco | 1 TL Sesamsamen

Brühe aufkochen lassen. Nudeln und Tabasco zugeben. Die Nudeln kurz ziehen lassen, abgießen und mit Sesamsamen bestreut zum Spinat mit Austernpilzen servieren.

Champignon-Spieße

→ vegetarisch, preiswert, Blitzrezept

Zubereitungszeit: 15 Min.
Pro Portion ca.: 179 kcal, 9 g Eiweiß, 11 g Fett, 10 g Kohlenhydrate, 11 g Ballaststoffe

15 kleine Champignons
9 Cocktailtomaten
1 kleine grüne Paprikaschote (125 g)
3 kleine Zwiebeln | 4 Zweige Thymian
Jodsalz | Pfeffer
Currypulver | 1 EL Olivenöl
Außerdem: 3 lange Holzspieße

Champignons putzen. Tomaten waschen und halbieren. Paprikaschote halbieren, putzen, waschen und in mundgerechte Stücke schneiden. Zwiebeln schälen und halbieren.

Thymian waschen, trockenschütteln, die Blättchen abzupfen und mit Salz, Pfeffer und Currypulver unter das Öl rühren.

Champignons, Tomaten- und Zwiebelhälften sowie Paprikastücke auf die Holzspieße stecken. Die Spieße mit dem Würzöl einpinseln und in einer heißen Pfanne von allen Seiten 7 Min. braten.

GELBE VARIANTE

Pro Portion ca.: 315 kcal, 12 g Eiweiß, 12 g Fett, 38 g Kohlenhydrate, 13 g Ballaststoffe

Extra: 100 g kleine Maiskolben (Glas)
2 EL Honig

Die Maiskölbchen abtropfen lassen. Honig unter das Würzöl rühren. Maiskölbchen mit aufspießen.

Gemüsepfanne

→ vegetarisch

Zubereitungszeit: 25 Min.
Pro Portion ca.: 288 kcal, 20 g Eiweiß, 11 g Fett, 26 g Kohlenhydrate, 13 g Ballaststoffe

1 Möhre | 150 g Zuckerschoten (ersatzweise Erbsen) | 50 g Champignons
1 Knoblauchzehe
50 ml Gemüsebrühe
50 g Frischkäse (5 % Fett)
1 TL Zitronensaft
Jodsalz | Pfeffer
1 TL Olivenöl | 1 TL Erdnusskerne
5 Zweige Kerbel

Möhre putzen, schälen und in dünne Scheiben schneiden. Zuckerschoten waschen und putzen. Champignons putzen und in dünne Scheiben schneiden. Knoblauch schälen und fein hacken.

Brühe mit Frischkäse und Zitronensaft verrühren, mit Salz und Pfeffer würzen.

Öl erhitzen. Erdnusskerne, Knoblauch und Gemüse darin unter Rühren 5 Min. braten. Mit der Frischkäsemischung ablöschen, das Gemüse kurz bei geringer Hitze ziehen lassen. Kerbel waschen, trockenschütteln, Blättchen grob hacken und unter das Gemüse rühren.

ROTE VARIANTE

Pro Portion ca.: 585 kcal, 31 g Eiweiß, 12 g Fett, 86 g Kohlenhydrate, 17 g Ballaststoffe

Extra: 100 ml Gemüsebrühe
75 g Instant-Couscous
5 Zweige Kerbel | 1/4 TL Kurkuma

Brühe aufkochen lassen. Couscous darin zugedeckt bei geringer Hitze 10 Min. quellen, dann abkühlen lassen. Kerbel waschen, trockenschütteln, die Blättchen sehr fein hacken und mit Kurkuma unter den Couscous geben. Couscous mit Salz und Pfeffer würzen und zur Gemüsepfanne servieren.

Möhrenbratlinge

→ preiswert, vegetarisch, bürotauglich

Zubereitungszeit: 25 Min.
Pro Portion ca.: 34 kcal, 24 g Eiweiß, 18 g Fett, 19 g Kohlenhydrate, 11 g Ballaststoffe

300 g Möhren | Jodsalz | 100 g Magerquark
1 Ei | 4 Zweige Petersilie | 1 Spritzer Tabasco
Pfeffer | 2 TL Rapsöl

Möhren putzen, schälen und fein raspeln. Mit Quark und Ei im Mixer fein pürieren. Petersilie waschen, trockenschütteln, die Blättchen sehr fein hacken und unter die Möhren-Quark-Masse geben. Mit Tabasco, Salz und Pfeffer würzen.

Das Öl in einer Pfanne erhitzen. Die Masse esslöffelweise ins Fett geben, flach drücken und von beiden Seiten je 5 Min. braten.

GELBE VARIANTE

Pro Portion ca.: 445 kcal, 28 g Eiweiß, 20 g Fett, 38 g Kohlenhydrate, 13 g Ballaststoffe

Extra: 30 g kernige Haferflocken

Die Hälfte der Haferflocken unter die Möhren-Quark-Masse rühren. Die Bratlinge in den übrigen Haferflocken vor dem Braten wenden.

Zwiebel-Zucchino-Frittata

→ vegetarisch, preiswert

Zubereitungszeit: 25 Min.
Pro Portion ca.: 245 kcal, 12 g Eiweiß, 18 g Fett, 9 g Kohlenhydrate, 4 g Ballaststoffe

50 ml Gemüsebrühe | 100 g Zwiebeln
1 Zucchino (150 g) | 2 Zweige Basilikum
1 Ei | Jodsalz | Pfeffer | 1 EL Olivenöl

Brühe aufkochen lassen. Zwiebeln schälen, in dünne Scheiben schneiden und in der Brühe zugedeckt bei geringer Hitze dünsten, bis sie weich sind.

Zucchino waschen, putzen und in dünne Scheiben schneiden. Zu den Zwiebeln geben und 3 Min. mitdünsten. Gemüse in ein Sieb abgießen, dann auf einem Küchentuch abtropfen lassen.

Basilikum waschen, trockenschütteln, die Blättchen sehr fein hacken. Mit Ei, Salz und Pfeffer verschlagen. Öl erhitzen. Das Gemüse mit dem Ei mischen und in einer Pfanne im heißen Öl braten.

GELBE VARIANTE

Pro Portion ca.: 433 kcal, 19 g Eiweiß, 19 g Fett, 47 g Kohlenhydrate, 12 g Ballaststoffe

Extra: 2 große Scheiben Vollkornbrot (100 g)

Brotscheiben in einer großen, heißen Pfanne von beiden Seiten kurz rösten und mit der Frittata-Masse bedecken. Frittata zugedeckt bei geringer Hitze stocken lassen.

Wirsingröllchen

→ vegetarisch

Zubereitungszeit: 40 Min.
Pro Portion ca.: 354 kcal, 23 g Eiweiß, 19 g Fett, 31 g Kohlenhydrate, 7 g Ballaststoffe

2 große Wirsingblätter | 200 g Shiitake-Pilze
1 kleine Zwiebel | 1 TL Rapsöl | 150 g Frischkäse (5 % Fett) | 1 EL gehackte Mandeln
Jodsalz | Pfeffer | 3 Zweige Petersilie

Wirsing blanchieren, abtropfen lassen. Pilze putzen, Stielenden abschneiden, Hüte beiseite legen. Zwiebel schälen, fein hacken, in heißem Öl glasig werden lassen. Pilze mitdünsten, die Hälfte des Frischkäses und Mandeln unterrühren, abkühlen lassen. Die Masse auf dem Wirsing verteilen. Blätter einschlagen, aufrollen. In Salzwasser 20 Min. garen. Petersilie waschen, hacken, mit etwas Kochflüssigkeit unter den übrigen Frischkäse rühren. Mit Salz und Pfeffer würzen. Als Sauce servieren.

GELBE VARIANTE

Pro Portion ca.: 544 kcal, 28 g Eiweiß, 20 g Fett, 70 g Kohlenhydrate, 8 g Ballaststoffe

Extra: 50 g Rundkornreis | 100 ml Gemüsebrühe

Reis in kochender Brühe 20 Min. quellen lassen. Als Beilage zu den Wirsingröllchen servieren.

Chinagemüse

→ exotisch

Zubereitungszeit: 25 Min.
Pro Portion ca.: 303 kcal, 29 g Eiweiß, 18 g Fett, 7 g Kohlenhydrate, 8 g Ballaststoffe

100 g Hühnerbrustfilet
1 kleine Zwiebel
1 Stück frischer Ingwer (etwa haselnussgroß)
1 kleine rote Paprikaschote (125 g)
1 Stange Staudensellerie (100 g)
1 TL Sesamsamen | 1 TL Rapsöl
2 EL Sojasauce | 1 EL Sherryessig
50 ml Kokosmilch
1 EL Mungobohnensprossen

Fleisch in Streifen schneiden. Zwiebel und Ingwer schälen und sehr fein hacken. Paprikaschote halbieren, putzen, waschen. Staudensellerie waschen und putzen, beides in kleine Stücke schneiden.

Sesamsamen ohne Fett in einer Pfanne rösten und herausnehmen. Öl in derselben Pfanne erhitzen. Fleisch und Gemüse darin unter ständigem Rühren dünsten. Mit Sojasauce, Essig und Kokosmilch ablöschen. Sprossen zugeben und mit Sesamsamen bestreuen.

GELBE VARIANTE

Pro Portion ca.: 593 kcal, 34 g Eiweiß, 19 g Fett, 46 g Kohlenhydrate, 10 g Ballaststoffe

Extra: 50 g Reis | 100 ml Geflügelbrühe

Reis in einer zweiten Pfanne ohne Fett kurz rösten, mit Brühe ablöschen und zugedeckt 20 Min. bei geringer Hitze quellen lassen. Mit dem Chinagemüse erhitzen.

Spinat-Spargel-Topf

→ vegetarisch

Zubereitungszeit: 30 Min.
Pro Portion ca.: 142 kcal, 11 g Eiweiß, 6 g Fett, 9 g Kohlenhydrate, 8 g Ballaststoffe

150 g Spinat | 150 g weißer Spargel (frisch oder aus dem Glas)
2 kleine Zwiebeln
1 TL Olivenöl
100 ml Gemüsebrühe
1/4 TL Kurkuma | 1 TL Zitronensaft
Jodsalz | Pfeffer
50 g Magermilchjoghurt

Spinat waschen, verlesen, von den groben Stielen befreien und abtropfen lassen. Spargel schälen, das untere Ende abschneiden. Spargel in kleine Stücke schneiden. Zwiebeln schälen und sehr fein hacken.

Öl erhitzen. Zwiebeln darin glasig werden lassen. Mit Brühe ablöschen. Spargel zugeben und bei geringer Hitze 10 Min. dünsten.

Spinat zugeben, zusammenfallen lassen und weitere 10 Min. dünsten. Mit Kurkuma, Zitronensaft, Salz und Pfeffer würzen. Joghurt unterrühren und sofort servieren.

GELBE VARIANTE

Pro Portion ca.: 368 kcal, 15 g Eiweiß, 16 g Fett, 37 g Kohlenhydrate, 12 g Ballaststoffe

Extra: 200 g Kartoffeln | 1 EL Rapsöl

Kartoffeln mit Schale in Wasser 25 Min. garen. Pellen und in dünne Scheiben schneiden. In heißem Öl langsam braten, mit Salz und Pfeffer würzen und zum Spinat-Spargel-Topf servieren.

Fenchel aus dem Ofen

→ preiswert

Zubereitungszeit: 40 Min.
Pro Portion ca.: 311 kcal, 35 g Eiweiß, 11 g Fett, 17 g Kohlenhydrate, 14 g Ballaststoffe

1 Fenchel | 1 Zwiebel
3 Cocktailtomaten
3 EL Hühnerbrühe | 1/4 Bund Dill
150 g Magerquark
1 EL geriebener Parmesan
1 Eigelb | Jodsalz | Pfeffer

Fenchel waschen, putzen, vom mittleren Strunk befreien und in große Stücke schneiden. Backofen auf 200° vorheizen.

Zwiebel schälen und hacken. Cocktailtomaten vierteln. Brühe erhitzen, die Fenchelstücke darin 5 Min. dünsten. Mit Tomatenvierteln in eine Auflaufform geben.

Dill waschen, trockenschütteln, die Blättchen fein hacken. Mit Quark, Parmesan und Eigelb verrühren. Die Masse mit Salz und Pfeffer würzen und über den Fenchel geben. Im Backofen (Mitte, Umluft 180°) 20 Min. garen.

GELBE VARIANTE

Pro Portion ca.: 438 kcal, 39 g Eiweiß, 12 g Fett, 41 g Kohlenhydrate, 17 g Ballaststoffe

Extra: 150 g Kartoffeln | 50 ml fettarme Milch
Muskatnuss, frisch gerieben

Kartoffeln mit Schale in Wasser 25 Min. garen. Milch erhitzen. Kartoffeln pellen und noch heiß durch die Kartoffelpresse drücken oder zerstampfen. Mit Milch verrühren, mit Salz und Muskat würzen. Kartoffelpüree zum Fenchel genießen.

Möhren-Sellerie-Puffer

→ preiswert, vegetarisch, bürotauglich

Zubereitungszeit: 30 Min.
Pro Portion ca.: 467 kcal, 26 g Eiweiß, 19 g Fett, 44 g Kohlenhydrate, 14 g Ballaststoffe

1 kleiner Knollensellerie (300 g) | 1 große Möhre (150 g) | 1 kleines Ei | 2 EL fettarme Milch
4 EL Mehl | 1/2 TL mildes Currypulver
Jodsalz | Pfeffer | Muskatnuss, frisch gerieben
1 EL Rapsöl | 1/2 Bund Basilikum
2 EL Magerquark | 1 EL Frischkäse (5 % Fett)

Sellerie und Möhre putzen, schälen und fein raspeln. Ei mit Milch und Mehl verrühren, mit Salz, Pfeffer, Muskat und Currypulver würzen. Das Gemüse zugeben und unterrühren.

Öl in einer beschichteten Pfanne erhitzen. Die Gemüsemasse esslöffelweise hineingeben und von beiden Seiten je 5 Min. braten.

Basilikum waschen, trockenschütteln, die Blättchen sehr fein hacken. Mit Quark und Frischkäse verrühren und mit Salz und Pfeffer würzen. Den Dip zu den Puffern servieren.

GELBE VARIANTE

Pro Portion ca.: 559 kcal, 29 g Eiweiß, 19 g Fett, 65 g Kohlenhydrate, 16 g Ballaststoffe

Extra: 1 gekochte Kartoffel vom Vortag

Kartoffel grob raspeln und unter das geraspelte Gemüse geben.

Brigittes Tipp

Bewusst genießen

Zum Essen richte ich den Tisch schön her und nehme mir mit der Familie etwas mehr Zeit zum Essen und Genießen. Ich esse jetzt bewusst langsamer, kaue gründlich, und dadurch esse ich auch weniger.

Spinatflan

→ vegetarisch

Zubereitungszeit: 1 Std. 5 Min.
Pro Portion ca.: 247 kcal, 26 g Eiweiß, 13 g Fett, 6 g Kohlenhydrate, 7 g Ballaststoffe

200 g Spinat | 1 kleine Zwiebel
1 TL Rapsöl | Jodsalz | Pfeffer
100 g Frischkäse (5 % Fett)
1 Ei | 50 g Champignons
1/2 Kästchen Kresse
1 TL Zitronensaft
Außerdem: Fett für die Form

Spinat gründlich waschen, verlesen, von den groben Stielen befreien und abtropfen lassen. Zwiebel schälen, fein hacken. Spinat in wenig kochendem Wasser bei geringer Hitze zusammenfallen lassen. Backofen auf 180° vorheizen. Eine Auflaufform einfetten.

Öl erhitzen. Zwiebel darin glasig werden lassen. Spinat ausdrücken und zugeben, mit Salz und Pfeffer würzen. Spinat mit 50 g Frischkäse und dem Ei pürieren. Das Püree in die Form geben und im Wasserbad im Backofen (Mitte, Umluft 160°) in 40 Min. garen.

Champignons putzen, eventuell abreiben und in dünne Scheiben schneiden. Mit restlichem Frischkäse, Kresseblättchen und Zitronensaft verrühren, mit Salz und Pfeffer würzen. Die Pilz-Frischkäse-Creme zum Flan servieren.

GELBE VARIANTE

Pro Portion ca.: 422 kcal, 29 g Eiweiß, 14 g Fett, 42 g Kohlenhydrate, 9 g Ballaststoffe

Extra: 50 g Reis

100 ml Salzwasser aufkochen lassen. Reis zugeben und darin zugedeckt bei geringer Hitze 20 Min. quellen lassen. Gedünsteten Spinat mit dem gesamten Frischkäse, den Champignons, der Kresse und dem Zitronensaft unter den heißen Reis geben. Das Ei hart kochen, pellen und mit dem Spinat-Champignon-Reis servieren.

Linsencurry

→ exotisch

Zubereitungszeit: 25 Min.
Pro Portion ca.: 350 kcal, 23 g Eiweiß, 10 g Fett, 42 g Kohlenhydrate, 11 g Ballaststoffe

1 Zwiebel | 1 große Stange Staudensellerie (150 g)
50 g kernlose helle Trauben | 1 TL Rapsöl
50 g rote Linsen | 200 ml Gemüsebrühe | Jodsalz
Pfeffer | 1/2 TL mildes Currypulver | Kurkuma
5 Zweige Petersilie | 2 EL Frischkäse (5 % Fett)

Zwiebel schälen, fein hacken. Sellerie waschen, putzen, in Scheiben schneiden. Trauben waschen und halbieren. Zwiebel und Sellerie in heißem Öl 5 Min. braten. Trauben und Linsen zugeben. Mit Brühe ablöschen. Zugedeckt bei geringer Hitze 10 Min. dünsten. Mit Salz, Pfeffer, Currypulver und 1 Prise Kurkuma würzen. Petersilie waschen und sehr fein hacken. Mit Frischkäse unter das Curry rühren.

GELBE VARIANTE

Pro Portion ca.: 489 kcal, 24 g Eiweiß, 15 g Fett, 63 g Kohlenhydrate, 13 g Ballaststoffe

Extra: 1 große Banane | 1 TL Rapsöl

Banane schälen, in große Stücke schneiden und in heißem Öl von allen Seiten braten, dann zum Curry geben.

Brokkoli-Krabben-Pfanne

→ raffiniert

Zubereitungszeit: 20 Min.
Pro Portion ca.: 337 kcal, 30 g Eiweiß, 16 g Fett, 16 g Kohlenhydrate, 11 g Ballaststoffe

2 Frühlingszwiebeln | 200 g Brokkoli | 1 kleine rote Paprikaschote (150 g) | 1 Knoblauchzehe
100 g gegarte geschälte Krabben | 1 TL Rapsöl
Jodsalz | Pfeffer | 1/2 TL mildes Currypulver
4 EL Kokosmilch | 1 TL Zitronensaft
100 ml Gemüsebrühe | 1/2 Bund Basilikum

Frühlingszwiebeln putzen, waschen, in Ringe schneiden. Brokkoli waschen, putzen, in kleine Röschen teilen. Paprikaschote halbieren, putzen, waschen und in Rauten schneiden. Knoblauch schälen und fein hacken.

Gemüse mit den Krabben unter ständigem Rühren 5 Min. in heißem Öl dünsten, mit Salz, Pfeffer und Currypulver würzen, Kokosmilch, Zitronensaft und Brühe zugeben. Basilikum waschen, trockenschütteln, die Blättchen grob hacken. Zur Brokkoli-Krabben-Pfanne geben und servieren.

GELBE VARIANTE

Pro Portion ca.: 505 kcal, 40 g Eiweiß, 20 g Fett, 39 g Kohlenhydrate, 15 g Ballaststoffe

Extra: 150 g fest kochende Kartoffeln
1 TL Olivenöl | 3 TL rosenscharfes Paprikapulver | 2 EL Magerquark

Ofen auf 200° vorheizen. Kartoffeln waschen, quer halbieren, mit Öl bestreichen, mit Salz, Pfeffer und 1 TL Paprikapulver würzen. Auf dem Blech im Ofen (Mitte, Umluft 180°) 30 Min. garen. Quark mit Salz, Pfeffer und übrigem Paprikapulver pikant würzen. Zu den Kartoffelhälften und der Brokkoli-Krabben-Pfanne servieren.

Frühlingszwiebel-Spieße

1 Bund Frühlingszwiebeln putzen, waschen, längs halbieren. 8 Radieschen putzen und waschen. 6 gegarte geschälte Garnelen im Wechsel mit Radieschen und Frühlingszwiebeln auf 3 lange Spieße stecken, dabei die Frühlingszwiebeln so um die Garnelen oder Radieschen legen, dass sowohl der weiße als auch der grüne Teil aufgespießt wird. Spieße mit Salz, Pfeffer und Zitronensaft würzen. In 1 EL heißem Öl von allen Seiten 6 Min. braten.

Zuckerschoten mit Hähnchenstreifen

100 g Hähnchenbrustfilet in Streifen schneiden. 200 g Zuckerschoten waschen und putzen. Mit den Fleischstreifen in 1 TL heißem Rapsöl 4 Min. anbraten, mit 100 ml Fleischbrühe ablöschen, kurz einkochen lassen. Dabei 3 EL Paprikacreme (Ajvar) unterrühren. Mit Salz, Pfeffer und etwas Ingwerpulver würzen.

Blumenkohlröschen mit Kapern-Tomaten-Sauce

250 g Blumenkohl waschen, putzen und in sehr kleine Röschen teilen. Röschen in Salzwasser 10 Min. garen. 100 g passierte Tomaten (Packung) mit 100 g Tunfisch im eigenen Saft (Dose) und 1 EL Kapern vermengen, kurz erhitzen. 1/4 Bund Petersilie waschen, Blättchen hacken. Sauce mit Petersilie, Salz, Pfeffer und etwas mildem Currypulver würzen. Mit den Blumenkohlröschen servieren.

Gemüse mit Kurkumasauce

200 g Brokkoli waschen, putzen und in Röschen teilen. 1 Stange Staudensellerie waschen, putzen und in kleine Scheiben schneiden. 1 kleine grüne Paprikaschote halbieren, putzen, waschen und klein würfeln. 1 kleine Zwiebel und 1 kleines Stück Ingwer schälen und hacken. 1 TL Rapsöl erhitzen. Zwiebel und Ingwer darin glasig werden lassen. Gemüse zugeben und unter Rühren 4 Min. dünsten. Mit Salz und Pfeffer würzen. 1/2 TL Kurkuma mit 100 g Frischkäse (5 % Fett), 100 ml Gemüsebrühe und 1/2 TL Zitronensaft verrühren. 4 Zweige Petersilie waschen, Blättchen hacken und mit der Kurkumasauce über das Gemüse geben.

Kohlrabi mit Schnittlauchcreme

1 kleinen Kohlrabi (125 g) schälen und in Stifte schneiden. In 100 ml Gemüsebrühe 10 Min. dünsten. 1 kleine Frühlingszwiebel putzen, waschen, sehr fein hacken und in 1 TL heißem Rapsöl glasig werden lassen, mit 100 ml Gemüsebrühe ablöschen. 100 g Frischkäse (5 %) unterrühren. 1/2 Bund Petersilie waschen, Blättchen hacken und mit 1/2 TL Zitronensaft zur Frischkäsesauce geben. Mit Salz, Pfeffer und Muskat würzen. Kohlrabistifte abtropfen lassen und unter die Sauce ziehen.

Fenchel mit Räucherlachs

200 g Fenchel waschen, putzen und in dünne Scheiben, dann in Streifen schneiden. 1 Zwiebel schälen, klein schneiden und in 1 TL heißem Rapsöl glasig werden lassen. Fenchelstreifen zugeben, 4 Min. mitbraten, mit 100 ml Fischfond (Glas) ablöschen und 10 Min. garen. 2 Scheiben Räucherlachs in Streifen schneiden und zugeben. Mischung mit Salz, Pfeffer und etwas Zitronensaft würzen. 1/4 Bund Dill waschen, hacken und mit 4 EL Magermilchjoghurt, 1 TL Zitronensaft und 1/2 TL Meerrettich (Glas) verrühren, salzen und pfeffern und zum Fenchel servieren.

Kürbis-Möhren-Gemüse

1 Möhre putzen, schälen und in Stifte schneiden. 200 g Kürbisfleisch ebenfalls in Stifte schneiden. 1 Zwiebel schälen und in Ringe schneiden, in 1 TL heißem Rapsöl glasig werden lassen. Gemüsestifte zugeben und mitdünsten. 1 kleines Stück Ingwer schälen, klein schneiden und mit 2 EL Sojasauce und 100 ml Orangensaft zugeben, offen 10 Min. köcheln lassen. 1/2 Bund Petersilie waschen, die Blättchen grob hacken. 2 EL Walnusskerne grob hacken und ohne Fett rösten. Gemüse mit Petersilie, Salz, Pfeffer und mildem Currypulver würzen. Mit Nüssen servieren.

Zucchino mit Austernpilzen

100 g Austernpilze putzen, eventuell abreiben und in mittelgroße Stücke schneiden. 1 Zucchino waschen, putzen und ebenfalls in mittelgroße Stücke schneiden. 1 Knoblauchzehe schälen und durch die Presse drücken. 1 EL Olivenöl erhitzen. Knoblauch, Pilze, Zucchino und 2 Rosmarinzweige darin 5 Min. braten. Mit 3 EL Gemüsebrühe und 1 EL Aceto balsamico ablöschen. Mit Salz, Pfeffer und etwas Muskat würzen.

Scharfer Bohnentopf

100 g Kidneybohnen (Dose) abtropfen lassen. 1 große Zwiebel und 1 Knoblauchzehe schälen, beides hacken. In 1 TL heißem Olivenöl glasig werden lassen. Mit 100 g Tomatenpüree (Packung) und 100 ml Gemüsebrühe ablöschen. 1 Zucchino und 4 Cocktailtomaten waschen und klein schneiden. Zucchino, Tomaten und Bohnen zugeben und 3 Min. kochen lassen. Mit getrockneten Kräutern der Provence, 1/4 TL scharfem Paprikapulver, 1 TL Aceto balsamico, Salz und Pfeffer würzen.

Bohnen mit Cocktailtomaten

1 kleine Zwiebel schälen, klein schneiden und in 1 TL heißem Olivenöl glasig werden lassen. 200 g TK-Bohnen und 100 ml Gemüsebrühe zugeben und aufkochen lassen. 5 Cocktailtomaten waschen, vierteln und zugeben. 5 Zweige Basilikum waschen, grob hacken und mit etwas Thymian zum Gemüse geben. Mit Salz und Pfeffer würzen.

Gemüse-Tunfisch-Pfanne

1 kleine Stange Lauch putzen, längs aufschneiden, gründlich waschen und in feine Ringe schneiden. 1 Möhre putzen, schälen, in dünne Scheiben schneiden und mit dem Lauch in 1 EL heißem Rapsöl anbraten. 100 g Tunfisch im eigenen Saft (Dose) mit einer Gabel zerpflücken, mit 100 g TK-Erbsen zum Lauch geben und 5 Min. kochen. Mit 2 EL Sojasauce und 100 ml Gemüsebrühe ablöschen. 2 Zweige Basilikum waschen, fein hacken. Gemüse mit Basilikum, Salz und Pfeffer würzen.

Wurzelragout

1 Möhre und 1 Petersilienwurzel putzen, schälen, klein würfeln und in 1 EL Olivenöl anbraten. Mit 100 ml Gemüsebrühe ablöschen und offen 5 Min. garen. 50 g Champignons putzen, eventuell abreiben, längs halbieren und zum Gemüse geben. 1/2 Bund Petersilie waschen, Blättchen fein hacken. 4 Radieschen putzen, waschen, würfeln und mit der Petersilie zugeben. Das Ragout mit Salz, Pfeffer, Muskat, 1 TL Zitronensaft und wenig Paprikapulver kräftig würzen.

Linsen mit Ananas

2 Möhren putzen, schälen, in kleine Stücke schneiden und in 100 ml Gemüsebrühe 3 Min. garen. 100 g Linsen (Dose) abtropfen lassen, mit 1 Lorbeerblatt zugeben und erhitzen. 1/4 Ananas vom mittleren Strunk und der Schale befreien, in kleine Stücke schneiden und zu den Linsen geben. 1 Bund Schnittlauch waschen, in Röllchen schneiden, mit den Ananasstücken zu den Linsen geben. Mit 1 TL Aceto balsamico, Salz, Pfeffer, etwas gemahlenem Koriander kräftig würzen.

Ninas Tipp

Bekömmlichkeit

Bei meinem Problem mit Bauchschmerzen oder einem harten Bauch hat mir die Ideal-Diät geholfen. Diese Beschwerden tauchen jetzt nicht mehr auf. Nun kann ich auch Linsen essen, besonders die roten vertrage ich problemlos. Das ging früher nie.

Fleisch

Hähnchenbrustspieße

→ raffiniert

Zubereitungszeit: 30 Min.
Pro Portion ca.: 346 kcal, 34 g Eiweiß, 10 g Fett, 29 g Kohlenhydrate, 5 g Ballaststoffe

100 g dünnes Hähnchenbrustfilet
1 Zweig Majoran (oder 1/4 TL getrockneter Majoran) | 1 dicke Frühlingszwiebel
1 großer saftiger Apfel | 1 TL Rapsöl
200 ml Gemüsebrühe | Jodsalz | Pfeffer
1 TL mildes Currypulver | 50 g Frischkäse (5 % Fett)

Fleisch in lange Streifen schneiden. Majoran waschen, fein hacken. Frühlingszwiebel putzen, waschen und in Stücke schneiden. Apfel waschen, entkernen, in Spalten schneiden. Mit Fleisch und Zwiebel auf 3–4 lange Spieße stecken.

Spieße in heißem Öl anbraten. Mit Brühe zugedeckt 10 Min. garen. Mit Gewürzen würzen und warm halten. Frischkäse mit etwas Brühe verrühren, unter die heiße Brühe rühren, salzen, pfeffern und verrühren. Die Sauce über die Spieße geben.

GELBE VARIANTE

Pro Portion ca.: 544 kcal, 41 g Eiweiß, 10 g Fett, 69 g Kohlenhydrate, 8 g Ballaststoffe

Extra: 50 g Instant-Couscous | 1/2 TL getrockneter Estragon | 70 ml Brühe

Couscous mit Estragon in der kochenden Brühe 10 Min. quellen, dann abkühlen lassen, würzen.

Curryhuhn

→ preiswert, bürotauglich

Zubereitungszeit: 30 Min.
Pro Portion ca.: 301 kcal, 40 g Eiweiß, 12 g Fett, 7 g Kohlenhydrate, 8 g Ballaststoffe

1 EL Rapsöl | Jodsalz | Currypulver | edelsüßes Paprikapulver | 125 g Hähnchenbrustfilet
200 g Brokkoli | 100 ml Gemüsebrühe | Pfeffer
100 g Champignons | 50 ml fettarme Milch
1 TL Speisestärke | 1/4 Bund Schnittlauch

Ofen auf 200° vorheizen. Öl mit Gewürzen verrühren. Fleisch damit bestreichen und in Alufolie wickeln. Im Ofen (Mitte, Umluft 180°) 30 Min. garen. Brokkoli waschen, putzen, in Stücke schneiden und in der Brühe 15 Min. garen, salzen und pfeffern. Pilze putzen, in Scheiben schneiden. 3 TL Milch mit Stärke verrühren. Übrige Milch aufkochen lassen. Pilze und Stärke zugeben, aufkochen lassen, würzen. Schnittlauch waschen, in Röllchen schneiden, zugeben. Fleisch mit Gemüse servieren.

GELBE VARIANTE

Pro Portion ca.: 565 kcal, 48 g Eiweiß, 20 g Fett, 48 g Kohlenhydrate, 9 g Ballaststoffe

Extra: 50 g Rundkornreis | 1 TL Rapsöl | 150 ml Gemüsebrühe | 1 TL geriebener Parmesan

Reis in heißem Öl dünsten, nach und nach so viel heiße Brühe zufügen, bis der Reis weich ist. Mit Parmesan bestreuen und zum Huhn servieren.

Mangohähnchen mit Lauchgemüse

→ Blitzrezept

Zubereitungszeit: 25 Min.
Pro Portion ca.: 389 kcal, 43 g Eiweiß, 12 g Fett, 25 g Kohlenhydrate, 7 g Ballaststoffe

150 g Hähnchenbrustfilet | 50 ml Orangensaft
mildes Currypulver | 1/2 kleine Mango (150 g)
50 g saure Sahne | 1 TL Rapsöl | Jodsalz | Pfeffer
1 Zwiebel | 1 mittelgroße Stange Lauch (250 g)

Fleisch in schmale Streifen schneiden und in einer Mischung aus Orangensaft und 1/2 TL Currypulver 2 Std. im Kühlschrank marinieren.

Mangohälfte halbieren, vom Stein lösen, schälen, in kleine Stücke schneiden und die Hälfte mit der sauren Sahne pürieren. Hähnchenstreifen abtropfen lassen, mit den restlichen Mangostücken in heißem Öl 5 Min. braten, mit Salz und Pfeffer würzen und warm stellen.

Zwiebel schälen und klein schneiden. Lauch putzen, längs aufschneiden, gründlich waschen, die grünen Enden abschneiden, den Rest klein schneiden und mit der Zwiebel im noch heißen Öl 5 Min. bei mittlerer Hitze dünsten. Fleisch und die Marinade zugeben, 3 Min. mitbraten, mit dem Mangopüree und etwas Currypulver verrühren.

GELBE VARIANTE

Pro Portion ca.: 609 kcal, 48 g Eiweiß, 13 g Fett, 71 g Kohlenhydrate, 8 g Ballaststoffe

Extra: 50 ml Hühnerbrühe | 75 ml Orangensaft
50 g Naturreis | 1/4 TL Kurkuma

Brühe und Orangensaft aufkochen lassen. Reis darin zugedeckt bei geringer Hitze 30 Min. quellen lassen, mit Kurkuma, Salz und Pfeffer würzen. Als Beilage servieren.

Hähnchenbrustfilet mit Aubergine

→ bürotauglich, preiswert

Zubereitungszeit: 15 Min.
Pro Portion ca.: 378 kcal, 43 g Eiweiß, 8 g Fett, 29 g Kohlenhydrate, 20 g Ballaststoffe

150 g Hähnchenbrustfilet | 1 TL Rapsöl
1/4 TL mildes Currypulver | 1/4 l Tomatensaft
1 kleine rote Paprikaschote (150 g)
1/2 kleine Aubergine (100 g) | 150 g Johannisbeeren (oder 1 EL Johannisbeergelee)
getrockneter Majoran | Jodsalz | Pfeffer

Hähnchenbrustfilet in Würfel schneiden. Öl erhitzen. Fleisch darin von allen Seiten anbraten. Currypulver zugeben und mit Tomatensaft ablöschen. Fleisch bei geringer Hitze in 3 Min. garen.

Paprikaschote und Aubergine waschen. Paprikaschote halbieren, putzen und würfeln. Aubergine putzen und in Würfel schneiden. Zum Fleisch geben und 8 Min. mitgaren.

Johannisbeeren waschen, mit einer Gabel von den Stängeln streifen und mitgaren oder Johannisbeergelee unterrühren. Das Fleisch mit Majoran, Salz und Pfeffer kräftig würzen. Schmeckt auch kalt!

GELBE VARIANTE

Pro Portion ca.: 481 kcal, 46 g Eiweiß, 8 g Fett, 51 g Kohlenhydrate, 23 g Ballaststoffe

Extra: 1 große Kartoffel (150 g)

Kartoffel schälen, in kleine Würfel schneiden, zum Fleisch geben und mit dem Gemüse wie beschrieben garen.

Putenschnitzel mit Gurkengemüse

→ preiswert

Zubereitungszeit: 20 Min.
Pro Portion ca.: 259 kcal, 41 g Eiweiß, 4 g Fett, 14 g Kohlenhydrate, 2 g Ballaststoffe

1 Putenschnitzel (150 g)
1 TL Thymian (frisch oder getrocknet)
3 TL süßer Senf
1/2 Gemüsegurke (300 g)
1 TL Rapsöl | Jodsalz | Pfeffer | 1 EL Honig
30 g Frischkäse (5 % Fett)

Putenschnitzel mit Thymian und 2 TL Senf einreiben. Gurke waschen und in Würfel schneiden. Öl erhitzen, Schnitzel darin von beiden Seiten 4 Min. braten, mit Salz und Pfeffer würzen und warm stellen.

Gurken in derselben Pfanne bei geringer Hitze 10 Min. schmoren lassen. Honig und Frischkäse zugeben und weitere 2 Min. kochen lassen. Mit Salz und Pfeffer würzen. Mit dem Putenschnitzel servieren.

GELBE VARIANTE

Pro Portion ca.: 439 kcal, 44 g Eiweiß, 4 g Fett, 55 g Kohlenhydrate, 4 g Ballaststoffe

Extra: 30 g Naturreis
100 g gezuckerte Pfirsiche (Dose)

100 ml Salzwasser aufkochen lassen. Reis zugeben und zugedeckt bei geringer Hitze 30 Min. quellen lassen. Pfirsiche abtropfen lassen, in kleine Stücke schneiden, unter den Reis geben, mit dem Gurkengemüse vermengen und zum Fleisch servieren.

Gefülltes Hähnchenbrustfilet

→ preiswert

Zubereitungszeit: 1 Std. 10 Min.
Pro Portion ca.: 456 kcal, 63 g Eiweiß, 14 g Fett, 18 g Kohlenhydrate, 11 g Ballaststoffe

1 kleine Zwiebel | 2 große Möhren (300 g)
1 TL Olivenöl | 1 dickes Hähnchenbrustfilet (200 g)
1/2 Bund Petersilie | 2 EL Magerquark
1 Eigelb | Jodsalz | Pfeffer
Muskatnuss, frisch gerieben
1 EL Frischkäse (5 % Fett)
Außerdem: 2 kleine Holzspießchen

Zwiebel und Möhren schälen, in kleine Würfel schneiden und in heißem Öl 5 Min. dünsten. Backofen auf 180° vorheizen.

Fleisch so aufschneiden, dass eine Tasche entsteht. Petersilie waschen, trockenschütteln, die Blättchen sehr fein hacken. Ein Drittel der Möhren-Zwiebel-Masse mit Petersilie, Quark und Eigelb vermengen, mit Salz, Pfeffer und Muskat würzen.

Die Quarkmischung in die Tasche füllen. Die Tasche mit zwei Holzspießchen verschließen. Fleisch in Alufolie einwickeln (blanke Seite nach innen) und im Backofen (Mitte, Umluft 160°) 40 Min. garen.

Übrige Möhren-Zwiebel-Mischung in wenig Wasser 5 Min. garen, mit Frischkäse pürieren, mit Salz und Pfeffer würzen und zum Fleisch servieren.

GELBE VARIANTE

Pro Portion ca.: 651 kcal, 71 g Eiweiß, 14 g Fett, 57 g Kohlenhydrate, 12 g Ballaststoffe

Extra: 50 g Reis | 1/2 Bund Petersilie | 1 Eiweiß
Außerdem: Fett für die Form

100 ml Salzwasser aufkochen lassen. Reis zugeben und zugedeckt bei geringer Hitze 20 Min. quellen lassen. Petersilie waschen, trockenschütteln, die Blättchen fein hacken. Mit dem Reis und dem übrigen Möhrengemüse vermengen. Eiweiß steif schlagen, vorsichtig unterheben. Die Masse in einer kleinen, gefetteten Auflaufform im vorgeheizten Backofen 15 Min. garen. Zum Fleisch servieren.

Putenbrustpäckchen mit Aprikosen

→ raffiniert, bürotauglich

Zubereitungszeit: 30 Min.
Pro Portion ca.: 441 kcal, 47 g Eiweiß, 10 g Fett, 37 g Kohlenhydrate, 9 g Ballaststoffe

1 Möhre | Jodsalz | 150 g flache Putenbrust
Pfeffer | 40 g getrocknete Aprikosen
50 g Frischkäse (5 % Fett) | Kurkuma
1/2 Kästchen Kresse | 1 TL Rapsöl
100 ml Orangensaft | 100 ml Hühnerbrühe
Außerdem: 1 kleines Holzspießchen

Ofen auf 80° (Umluft 80°) vorheizen. Möhre putzen, schälen, in dünne Scheiben schneiden. In wenig Salzwasser 10 Min. garen und warm stellen.

Fleisch mit Folie abdecken, mit einem Holzbrett belegen und sehr flach drücken. Putenbrust in zwei lange Streifen schneiden, kreuzförmig übereinander legen, mit Salz und Pfeffer würzen.

Aprikosen klein schneiden, mit Frischkäse, etwas Kurkuma und der Hälfte der Kresse verrühren. Die Mischung in die Mitte auf das Fleisch geben. Fleischenden darüber legen und verschließen.

Das Fleischpäckchen in heißem Öl anbraten, mit Orangensaft und Brühe ablöschen und bei mittlerer Hitze zugedeckt 10 Min. garen. Im Ofen (Mitte) warm stellen. Übrige Flüssigkeit bei starker Hitze in wenigen Min. einkochen lassen. Fleisch mit Möhre und restlicher Kresse servieren. Schmeckt auch kalt.

GELBE VARIANTE

Pro Portion ca.: 664 kcal, 58 g Eiweiß, 12 g Fett, 75 g Kohlenhydrate, 12 g Ballaststoffe

Extra: 50 g Bandnudeln | 30 g Frischkäse (5 % Fett)
50 ml Gemüsebrühe | 2 Spritzer Tabasco
4 Cocktailtomaten

Nudeln nach Packungsaufschrift in reichlich Salzwasser garen. Frischkäse mit Brühe verrühren und zu einer Sauce einkochen lassen. Mit Salz, Pfeffer und Tabasco würzen. Tomaten waschen und vierteln und zur Sauce geben. Nudeln abgießen und mit Sauce servieren.

Möhren-Curry mit Schweinefilet

→ preiswert

Zubereitungszeit: 20 Min.
Pro Portion ca.: 408 kcal, 46 g Eiweiß, 14 g Fett, 23 g Kohlenhydrate, 11 g Ballaststoffe

1 Möhre | 1 kleine Zwiebel | 1 EL Rapsöl
100 g TK-Erbsen | 100 g Magermilchjoghurt
1/4 TL scharfer Senf | 1/2 TL mildes Currypulver
Jodsalz | Pfeffer | 150 g Schweinefilet

Möhre putzen, schälen und fein raspeln. Zwiebel schälen und sehr fein hacken. 1 TL Öl erhitzen, beides darin andünsten. Unaufgetaute Erbsen zugeben, mit etwas Wasser ablöschen und weitere 10 Min. dünsten. Kurz abkühlen lassen, das warme Gemüse mit Joghurt verrühren. Mit Senf, Currypulver, Salz und Pfeffer würzen und warm stellen. Fleisch in dünne Streifen schneiden, im übrigen heißen Öl kurz anbraten. Gemüse unterrühren.

GELBE VARIANTE

Pro Portion ca.: 583 kcal, 50 g Eiweiß, 15 g Fett, 60 g Kohlenhydrate, 12 g Ballaststoffe

Extra: 50 g Naturreis

Reis in 150 ml kochendem Salzwasser zugedeckt 30 Min. quellen lassen. Zum Curry servieren.

Schweineschnitzel mit Mango

→ raffiniert

Zubereitungszeit: 25 Min.
Pro Portion ca.: 436 kcal, 40 g Eiweiß, 13 g Fett, 38 g Kohlenhydrate, 9 g Ballaststoffe

150 g Schweineschnitzel | 1 Mango (300 g)
1 kleine Zwiebel | 1 kleine rote Paprikaschote (150 g) | 1 TL Rapsöl | 200 ml Hühnerbrühe
2 Gewürznelken | 1 Prise Zimtpulver
1/2 TL getrockneter Thymian
20 g Frischkäse (5 % Fett) | Jodsalz | Pfeffer

Schnitzel in große Würfel schneiden. Mango schälen, vom Stein befreien, Fruchtfleisch ebenfalls würfeln. Unter die Fleischwürfel mengen und 1 Std. stehen lassen. Zwiebel schälen, fein hacken. Paprikaschote halbieren, putzen, waschen und in Würfel schneiden.

In einem großen Topf das Öl erhitzen. Zwiebel darin glasig werden lassen. Fleisch-Mango-Mischung zugeben und anbraten. Paprikaschote zugeben und zugedeckt bei geringer Hitze 5 Min. dünsten. Mit Brühe ablöschen.

Nelken mit dem Rücken eines breiten Messers oder im Mörser zerdrücken, mit Zimtpulver, reichlich Thymian und Frischkäse zum Fleisch geben. Alles mit Salz und Pfeffer würzen.

GELBE VARIANTE

Pro Portion ca.: 531 kcal, 41 g Eiweiß, 13 g Fett, 59 g Kohlenhydrate, 11 g Ballaststoffe

Extra: 1 Banane

Die Banane schälen, in dicke Scheiben schneiden und mit der Fleisch-Mango-Mischung in den Topf geben.

Ingwerfleisch

→ exotisch

Zubereitungszeit: 20 Min.
Pro Portion ca.: 485 kcal, 44 g Eiweiß, 14 g Fett, 44 g Kohlenhydrate, 12 g Ballaststoffe

150 g Schweinefilet | 1 Stück frischer Ingwer (etwa haselnussgroß) | 1/2 Ananas | 1 kleine rote Paprikaschote | 100 g Zuckerschoten (oder Erbsen)
1 TL Rapsöl | 1 EL Rapsöl | 50 ml Gemüsebrühe
1 EL Tomatenmark | Jodsalz | Pfeffer | Currypulver

Fleisch würfeln. Ingwer schälen und klein schneiden. Ananas schälen, längs in drei Spalten schneiden, vom harten Strunk befreien und würfeln. Paprikaschote halbieren, putzen, waschen und ebenfalls würfeln. Zuckerschoten waschen, putzen und klein schneiden. Filet in heißem Öl anbraten, Paprikawürfel und Zuckerschoten mitdünsten, mit Brühe ablöschen. Ananas, Ingwer und Tomatenmark 5 Min. mitgaren. Mit Gewürzen würzen.

GELBE VARIANTE

Pro Portion ca.: 696 kcal, 48 g Eiweiß, 15 g Fett, 89 g Kohlenhydrate, 15 g Ballaststoffe

Extra: 30 g Reis | 100 ml Gemüsebrühe | 1 Banane

Reis in kochender Brühe 20 Min. quellen lassen. Banane schälen, in Scheiben schneiden, zum Fleisch geben. Reis dazu servieren.

Schweinefleisch mit roten Linsen

→ preiswert

Zubereitungszeit: 25 Min.
Pro Portion ca.: 357 kcal, 40 g Eiweiß, 8 g Fett, 31 g Kohlenhydrate, 9 g Ballaststoffe

1 kleine Stange Lauch (200 g)
100 g mageres Schweinefleisch
1 EL Rapsöl | 200 ml Fleischbrühe
50 g rote Linsen | 1/2 Bund Schnittlauch
Jodsalz | Pfeffer | 1 TL mildes Currypulver
1 TL Aceto balsamico

Lauch putzen, längs aufschneiden, gründlich waschen, das dunkelgrüne Ende abschneiden, den Rest in feine Streifen schneiden.

Fleisch in Streifen schneiden und in heißem Öl von allen Seiten anbraten. Lauch zugeben, zugedeckt 4 Min. mitdünsten und mit Brühe ablöschen. Linsen zugeben und zugedeckt bei geringer Hitze 8 Min. garen.

Schnittlauch waschen, trockenschütteln und in Röllchen schneiden. Fleisch mit Schnittlauch, Salz, Pfeffer, Currypulver und Essig würzen.

GELBE VARIANTE

Pro Portion ca.: 546 kcal, 45 g Eiweiß, 9 g Fett, 72 g Kohlenhydrate, 10 g Ballaststoffe

Extra: 50 g Reis | 100 ml Fleischbrühe

Reis mit dem Lauch zum angebratenen Fleisch geben und statt mit 200 ml mit 300 ml Brühe ablöschen.

Schnitzel mit Zucchinoscheiben

→ preiswert

Zubereitungszeit: 25 Min., Marinierzeit: 30 Min.
Pro Portion ca.: 215 kcal, 22 g Eiweiß, 12 g Fett, 5 g Kohlenhydrate, 1 g Ballaststoffe

1 Zucchino | 200 ml Gemüsebrühe
1 EL Zitronensaft | 1 kleine Peperoni
5 Zweige Minze | 1/2 Bund Petersilie | Jodsalz
Pfeffer | 1 kleines Schweineschnitzel (100 g)
1 TL Rapsöl

Den Zucchino waschen, putzen und in Scheiben schneiden. In einer Marinade aus Brühe und Zitronensaft 30 Min. einlegen. Peperoni längs halbieren, von den Kernen befreien und in sehr schmale Streifen schneiden.

Minze und Petersilie waschen, trockenschütteln, die Blättchen sehr fein hacken. Die Hälfte der Kräuter mit Peperonistreifen zu den Zucchinoscheiben geben.

Backofen auf 200° vorheizen. Zucchinoscheiben abtropfen lassen, mit Salz und Pfeffer würzen. Die Scheiben auf ein mit Backpapier ausgelegtes Backblech legen, mit übrigen Kräutern bestreuen und im Ofen (Mitte, Umluft 180°) 10 Min. backen.

Schnitzel in heißem Öl von jeder Seite 1 Min. braten, mit Salz und Pfeffer würzen. Im Backofen 2 Min. durchziehen lassen. Mit Zucchinoscheiben heiß oder kalt servieren.

GELBE VARIANTE

Pro Portion ca.: 328 kcal, 24 g Eiweiß, 17 g Fett, 20 g Kohlenhydrate, 4 g Ballaststoffe

Extra: 1/2 Bund Petersilie | 1 TL Rapsöl
1 EL Gemüsebrühe | mildes Currypulver
1 fest kochende Kartoffel

Petersilie waschen, trockenschütteln, die Blättchen fein hacken und mit Öl, Brühe, Salz, Pfeffer und Currypulver zu einer Paste verrühren. Kartoffel schälen, in wenig Salzwasser 20 Min. garen. In feine Scheiben schneiden, diese mit der Paste bestreichen und im vorgeheizten Ofen (Mitte, Umluft 180°) 10 Min. backen. Als Beilage dazu essen.

Kalbschnitzel mit Tomaten-Minze-Sauce

→ raffiniert

Zubereitungszeit: 25 Min.
Pro Portion ca.: 352 kcal, 45 g Eiweiß, 12 g Fett, 16 g Kohlenhydrate, 3 g Ballaststoffe

1 dünnes kleines Kalbschnitzel (125 g) | Jodsalz | Pfeffer | Mehl | 3 Zweige Minze | 250 g Cocktailtomaten | 1 TL Rapsöl | 50 ml Gemüsebrühe | 1 EL Zitronensaft | 50 g Frischkäse (5 % Fett)

Schnitzel salzen und pfeffern. In etwas Mehl wenden, überschüssiges Mehl abklopfen. Minze waschen, in Streifen schneiden. Tomaten waschen, je nach Größe halbieren oder vierteln. Schnitzel in heißem Öl auf jeder Seite 1 Min. braten, zugedeckt warm halten. Minze, Tomaten, Brühe und Zitronensaft in die Pfanne geben. Unter Rühren den Bratensatz loskochen. Frischkäse einrühren, 2 Min. köcheln lassen. Schnitzel mit der Sauce anrichten.

GELBE VARIANTE

Pro Portion ca.: 526 kcal, 51 g Eiweiß, 12 g Fett, 51 g Kohlenhydrate, 6 g Ballaststoffe

Extra: 50 g Spaghetti | 1 Tropfen Tabasco

Spaghetti kochen, abgießen. Mit Tabasco würzen. Spaghetti mit der Sauce zum Schnitzel servieren.

Kalbfleisch mit Pilzen

→ Blitzrezept

Zubereitungszeit: 15 Min.
Pro Portion ca.: 383 kcal, 42 g Eiweiß, 12 g Fett, 33 g Kohlenhydrate, 5 g Ballaststoffe

100 g Kürbis, süßsauer eingelegt
200 g Shiitake-Pilze | 1 kleine Zwiebel
1 TL Rapsöl | 100 g Kalbfleisch | 1 EL Zitronensaft
50 ml Gemüsebrühe | 75 g Frischkäse (5 % Fett)
1/2 Bund Petersilie | Jodsalz | Pfeffer
edelsüßes Paprikapulver

Kürbis abtropfen lassen. Pilze putzen, Stiele entfernen, die Hüte in Streifen schneiden. Zwiebel schälen und sehr fein hacken. In heißem Öl glasig werden lassen. Die Pilze zugeben und 3 Min. mitdünsten.

Kalbfleisch in kurze Streifen schneiden, zu den Pilzen geben, kurz anbraten. Mit Zitronensaft und Brühe ablöschen. Frischkäse unterrühren. Petersilie waschen, trockenschütteln, die Blättchen fein hacken.

Kürbisstücke je nach Größe teilen, zum Fleisch geben und kurz erhitzen. Mit Salz, Pfeffer und Paprikapulver würzen und mit Petersilie bestreuen.

GELBE VARIANTE

Pro Portion ca.: 539 kcal, 49 g Eiweiß, 15 g Fett, 58 g Kohlenhydrate, 6 g Ballaststoffe

Extra: 30 g Reis | 5 Zweige Petersilie
50 g Frischkäse (5 % Fett)

100 ml Salzwasser aufkochen lassen. Reis darin zugedeckt bei geringer Hitze 20 Min. quellen lassen. Petersilie waschen, die Blättchen fein hacken. Mit Frischkäse, Salz und Pfeffer unter den Reis geben. Zum Kalbfleisch servieren.

Kalbsteak mit Trockenfrüchten

→ raffiniert

Zubereitungszeit: 20 Min.
Pro Portion ca.: 499 kcal, 50 g Eiweiß, 12 g Fett, 46 g Kohlenhydrate, 14 g Ballaststoffe

je 2 getrocknete Pflaumen und Aprikosen
200 g Erbsen (tiefgekühlt) | 100 ml Gemüsebrühe
100 g Kalbsfilet | Pfeffer | 1 TL Rapsöl | Jodsalz
50 g Frischkäse (5 % Fett) | getrockneter Thymian

Pflaumen und Aprikosen grob zerkleinern. Mit den Erbsen in der kochenden Brühe zugedeckt 10 Min. kochen lassen. Brühe abgießen und beiseite stellen. Fleisch mit Pfeffer würzen, in heißem Öl von jeder Seite 2 Min. braten, salzen und warm stellen. Den Bratensaft mit der Brühe ablöschen. Erbsen, Pflaumen und Aprikosen zugeben, kurz aufkochen lassen. Frischkäse unterrühren, mit Salz, Pfeffer und Thymian würzen und zum Fleisch servieren.

GELBE VARIANTE

Pro Portion ca.: 601 kcal, 52 g Eiweiß, 12 g Fett, 67 g Kohlenhydrate, 17 g Ballaststoffe

Extra: 150 g fest kochende Kartoffeln

Kartoffeln schälen, würfeln und mit den Erbsen und Trockenfrüchten in der Brühe garen.

Italienische Hackfleischpfanne

→ preiswert

Zubereitungszeit: 30 Min.
Pro Portion ca.: 402 kcal, 32 g Eiweiß, 16 g Fett, 30 g Kohlenhydrate, 8 g Ballaststoffe

2 Stangen Staudensellerie (150 g)
1/2 rote Paprikaschote (100 g)
1 Knoblauchzehe | 75 g Rinderhackfleisch
1 TL Rapsöl | 100 ml Gemüsebrühe
2 TL Tomatenmark | Jodsalz | Pfeffer
1 EL getrockneter Thymian | 5 Zweige Petersilie
100 g Magermilchjoghurt | 200 ml Orangensaft

Staudensellerie putzen, waschen, eventuell von den Fäden befreien und in schmale Scheiben schneiden. Paprikaschote halbieren, putzen, waschen und in Würfel schneiden. Knoblauch schälen und fein hacken.

Hackfleisch in heißem Öl unter ständigem Rühren bei starker Hitze braten, bis es hellbraun und krümelig ist. Gemüse 3 Min. mitbraten. Brühe und Tomatenmark zugeben. Mit Salz, Pfeffer und Thymian würzen. Zugedeckt bei mittlerer Hitze 5 Min. schmoren lassen, bis das Gemüse bissfest ist.

Petersilie waschen, trockenschütteln, die Blättchen sehr fein hacken, mit Joghurt verrühren. Mit Salz und Pfeffer würzen und zur Hackfleischpfanne servieren. Den Orangensaft dazu trinken.

GELBE VARIANTE

Pro Portion ca.: 592 kcal, 37 g Eiweiß, 16 g Fett, 70 g Kohlenhydrate, 9 g Ballaststoffe

Extra: 100 ml Gemüsebrühe | 50 g Reis

Die Brühe aufkochen lassen. Reis zugeben und darin zugedeckt 20 Min. quellen lassen. Unter das Hackfleisch geben.

Rindfleisch mit Brokkoli

→ raffiniert

Zubereitungszeit: 25 Min.
Pro Portion ca.: 381 kcal, 54 g Eiweiß, 13 g Fett, 12 g Kohlenhydrate, 9 g Ballaststoffe

150 g mageres Rindfleisch
3 EL Traubensaft | 1 EL Sojasauce
1 kleine Zwiebel | 200 g Brokkoli
1 EL Rapsöl | 30 g Champignons
30 g Mungobohnensprossen
10 g Walnusskerne | Jodsalz
Pfeffer | 1/4 TL getrockneter Majoran

Fleisch in Streifen schneiden und in einer Marinade aus Traubensaft und Sojasauce 5 Min. einlegen. Zwiebel schälen und klein schneiden. Brokkoli waschen, putzen und in kleine Röschen teilen.

Öl erhitzen. Zwiebel darin glasig werden lassen. Fleisch abtropfen lassen, zugeben und anbraten. Marinade mit den Brokkoliröschen zugeben und zugedeckt bei geringer Hitze 5 Min. garen.

Champignons putzen, eventuell abreiben, vierteln und mit den Sprossen 2 Min. mitgaren, dabei häufiger umrühren.

Walnusskerne grob hacken, ohne Fett in einer kleinen Pfanne kurz rösten und über das Fleisch und den Brokkoli geben, mit Salz, Pfeffer und Majoran würzen.

GELBE VARIANTE

Pro Portion ca.: 457 kcal, 57 g Eiweiß, 14 g Fett, 24 g Kohlenhydrate, 12 g Ballaststoffe

Extra: 100 g Mais (Dose)

Mais abtropfen lassen und mit den Champignons zum Fleisch geben.

Chinakohl mit Rindfleisch

→ raffiniert

Zubereitungszeit: 35 Min.
Pro Portion ca.: 319 kcal, 36 g Eiweiß, 10 g Fett, 19 g Kohlenhydrate, 5 g Ballaststoffe

100 g mageres Rindfleisch (z. B. falsches Filet)
2 EL Sojasauce | 100 ml Orangensaft
1/2 kleiner Chinakohl (175 g)
1/2 Bund Frühlingszwiebeln
1 Stück frischer Ingwer (etwa haselnussgroß)
1 TL Rapsöl | 100 ml Gemüsebrühe
Pfeffer | mildes Currypulver

Rindfleisch in mittelgroße Würfel schneiden und in einer Marinade aus Sojasauce und Orangensaft einlegen.

Inzwischen den Chinakohl waschen, putzen, vom mittleren Strunk befreien. Die Blätter einzeln ablösen und in feine Streifen schneiden. Frühlingszwiebeln putzen, waschen und in sehr feine Ringe schneiden. Ingwer schälen und klein hacken.

Fleisch abtropfen lassen. Öl erhitzen. Das Fleisch darin von allen Seiten anbraten. Chinakohl, Frühlingszwiebeln und Ingwer zugeben, 2 Min. mitbraten, mit Brühe und Marinade ablöschen und zugedeckt bei geringer Hitze 10 Min. dünsten. Mit Pfeffer und Currypulver würzen.

GELBE VARIANTE

Pro Portion ca.: 493 kcal, 43 g Eiweiß, 11 g Fett, 54 g Kohlenhydrate, 8 g Ballaststoffe

Extra: 50 g Spaghetti

Spaghetti in reichlich Salzwasser nach Packungsaufschrift kochen, in ein Sieb abgießen, kurz abtropfen lassen und unter den Chinakohl mit Rindfleisch mischen.

Rinderroulade mit Wirsingfüllung

→ raffiniert

Zubereitungszeit: 1 Std.
Pro Portion ca.: 396 kcal, 61 g Eiweiß, 10 g Fett, 14 g Kohlenhydrate, 13 g Ballaststoffe

1/2 kleiner Wirsing (300 g) | Jodsalz
1 Möhre | 100 ml Gemüsebrühe
2 Gewürznelken | wenig Kümmel
Pfeffer | 50 g Frischkäse (5 % Fett)
150 g Rinderroulade (Oberschale) | 1 EL Rapsöl
Außerdem: 1 kleines Holzspießchen

Wirsinghälfte waschen, putzen, vom mittleren Strunk befreien. Die Blätter einzeln ablösen und in kochendem Salzwasser kurz blanchieren. Herausnehmen, eiskalt abschrecken und abtropfen lassen.

Möhre putzen, schälen und in kleine Stücke schneiden. Wirsingblätter grob klein schneiden. Brühe aufkochen lassen. Möhre und Wirsing zugeben. Nelken und Kümmel mit einem breiten Messer oder in einem Mörser zerdrücken. Gemüse mit Nelken, Kümmel, Salz und Pfeffer würzen. Frischkäse unterrühren und das Gemüse warm halten. Backofen auf 180°vorheizen.

Roulade zwischen Frischhaltefolie legen, mit einem Brett flach klopfen, mit Salz und Pfeffer würzen. Die Hälfte des Möhren-Wirsing-Gemüses darauf verteilen. Roulade aufrollen, mit einem Holzspießchen feststecken und in heißem Öl rundum kräftig anbraten.

Übriges Gemüse in eine Auflaufform geben. Roulade darauf setzen und im Backofen (Mitte, Umluft 160°) 30 Min. garen. Mit dem Gemüse servieren.

GELBE VARIANTE

Pro Portion ca.: 570 kcal, 64 g Eiweiß, 10 g Fett, 53 g Kohlenhydrate, 14 g Ballaststoffe

Extra: 50 g Reis

100 ml Salzwasser aufkochen lassen. Reis darin zugedeckt bei geringer Hitze 20 Min. quellen lassen. Reis unter das restliche Wirsing-Karotten-Gemüse geben, das für die Füllung nicht gebraucht wird.

Hähnchen mit Lauchgemüse

100 g Lauch putzen, dunkelgrünes Ende abschneiden. Lauch längs aufschneiden, waschen, in feine Ringe schneiden und in 1 TL heißem Olivenöl dünsten. 1 TL Rosinen und 5 EL Orangensaft zugeben und unter Rühren 3 Min. garen, salzen und pfeffern. 150 g Hähnchenbrustfilet in einer zweiten Pfanne in 1 TL Olivenöl von allen Seiten braten, salzen und pfeffern. Herausnehmen und den Bratensatz mit 5 EL Hühnerbrühe ablöschen. 2 TL Speisestärke und 1 TL mildes Currypulver in wenig Wasser verrühren, zur Brühe geben und einkochen lassen. Fleisch aufschneiden, mit der Sauce und dem Lauchgemüse servieren.

Salbeischnitzel mit Erbsen

2 dünne Kalbschnitzel (150 g) flach klopfen. 2 Salbeiblätter waschen, mit Holzspießen auf dem Kalbschnitzel feststecken. 1 kleine Zwiebel schälen, klein schneiden und in 1 TL heißem Olivenöl glasig werden lassen. 150 g TK-Erbsen zugeben, mit 2 EL Gemüsebrühe ablöschen und zugedeckt 5 Min. garen. Die Kalbschnitzel in 1 TL heißem Olivenöl von beiden Seiten kurz braten. 4 Zweige Petersilie waschen, Blättchen hacken und zu den Erbsen geben. Fleisch und Gemüse salzen und pfeffern.

Hähnchenspieße mit Pilzen

150 g Hähnchenbrustfilet in Würfel schneiden und in 2 EL Sojasauce und 2 EL Orangensaft einlegen. 6 Champignons putzen. 6 Cocktailtomaten waschen und im Wechsel mit Champignons und abgetrockneten Fleischwürfeln auf 3 Schaschlikspieße stecken. 1 kleines Stück Ingwer schälen, fein hacken und mit der Marinade bei höchster Hitze zu einer Sauce einkochen. Spieße mit der Marinade bestreichen und in 1 EL heißem Öl von allen Seiten 10 Min. braten.

Putencurry mit Kokosmilch

1 große Möhre (150 g) putzen, schälen und in Scheiben schneiden. 1 kleine Fenchelknolle waschen, putzen, in schmale, kurze Streifen schneiden. 1 Knoblauchzehe und 1 kleines Stück Ingwer schälen, fein hacken. 150 g Putenbrust in Streifen schneiden, in 1 TL Rapsöl von allen Seiten 5 Min. anbraten. 1/4 TL Kurkuma, Ingwer, Knoblauch, Möhre und Fenchel zugeben. Mit je 50 ml Hühnerbrühe und Kokosmilch ablöschen, zugedeckt 10 Min. dünsten. Mit Salz, Pfeffer, Sambal oelek würzen.

Rindergeschnetzeltes mit Tomaten und Bohnen

150 g TK-Bohnen in wenig Wasser bei geringer Hitze auftauen lassen. 150 g Rindfleisch aus der Keule in kurze Streifen schneiden. 1 Zwiebel schälen und in Würfel schneiden, in 1 EL heißem Olivenöl glasig werden lassen. Fleischwürfel zugeben und von allen Seiten anbraten, mit 100 ml Fleischbrühe ablöschen. 1 Lorbeerblatt, 2 Gewürznelken zugeben. Mit 150 g Tomaten (Dose) zum Geschnetzelten geben und alles 3 Min. kochen lassen, mit Salz und Pfeffer würzen.

Fruchtige Hühnerlebern

1 Apfel schälen, vom Kerngehäuse befreien, in Stifte schneiden und mit 1 TL Zitronensaft beträufeln. 150 g Hühnerlebern waschen, trockentupfen und in etwas Mehl wenden, überschüssiges Mehl abschütteln. 2 Zwiebeln schälen, grob hacken und in 1 TL Rapsöl glasig werden lassen. Lebern zugeben und 3 Min. von allen Seiten anbraten. Apfelstifte zugeben und zugedeckt bei geringer Hitze 3–5 Min. dünsten. Mit Salz würzen.

Pute mit Lauch und Mango

150 g Lauch putzen, waschen, das dunkelgrüne Ende abschneiden. Lauch längs aufschneiden, waschen und in mundgerechte Stücke schneiden. 1 kleines Stück Ingwer schälen und fein hacken. 1 kleine Mango schälen, Fruchtfleisch vom Stein schneiden und klein würfeln. 150 g Putenbrust in 1 TL Rapsöl von beiden Seiten 5 Min. anbraten. Lauch und Ingwer mit 2 EL Sojasauce zugeben und bei mittlerer Hitze zugedeckt 10 Min. dünsten. Mangowürfel zugeben, alles kurz erhitzen und mit Salz, Pfeffer und Paprikapulver würzen.

Schnitzel mit Pfirsichsauce

150 g Schweineschnitzel mit Salz, Pfeffer und mildem Paprikapulver einreiben und mit Mehl bestäuben, überschüssiges Mehl abschütteln. In 1 TL Rapsöl von beiden Seiten anbraten. 1 Pfirsich kurz überbrühen, häuten, halbieren, vom Stein befreien, in Spalten schneiden. Fleisch aus der Pfanne nehmen, Pfirsiche hineingeben, mit 5 EL Apfelsaft ablöschen und kurz aufkochen lassen. 50 g Frischkäse (5 % Fett) unterrühren. Fleisch zugeben, nochmals kurz erhitzen und mit Pfirsichspalten und der Sauce anrichten.

Putenschnitzel mit Tomaten-Sugo

Backofen auf 140° vorheizen. 150 g Putenbrust in 1 EL Öl von beiden Seiten 5 Min. anbraten und im Ofen warm stellen. 1 Zwiebel schälen, fein hacken und im verbliebenen Öl glasig werden lassen. 200 g stückige Tomaten (Packung) und 5 Kapern zugeben und erhitzen. 5 Zweige Basilikum waschen, Blättchen sehr fein hacken und mit 1/2 TL getrocknetem Thymian zu den Tomaten geben. Sugo mit Salz, Pfeffer und wenig Aceto balsamico würzen. Putenbrust auf dem Tomaten-Kapern-Sugo servieren.

Putenragout mit Aprikosen

150 g Putenbrust in Streifen schneiden. 1 gelbe Paprikaschote halbieren, putzen, waschen und in Streifen schneiden. 50 g getrocknete Aprikosen in kleine Streifen schneiden. 1 kleine Zwiebel schälen, fein hacken und in 1 TL heißem Rapsöl glasig werden lassen. Fleischstreifen zugeben und anbraten. Paprika- und Aprikosenstreifen zufügen. Mit 100 ml Hühnerbrühe und 50 ml Orangensaft ablöschen. 1 EL Tomatenmark mit 1/2 TL Speisestärke verrühren, unterrühren und zugedeckt bei mittlerer Hitze 5 Min. kochen lassen. Mit etwas Aceto balsamico, Worcestersauce, mildem Currypulver, Salz und Pfeffer würzen.

Gefüllte Hähnchenbrust

1 EL gehackte Mandeln ohne Fett kurz rösten, abkühlen lassen und sehr fein hacken. 1/4 Bund Basilikum waschen, die Blättchen sehr fein hacken. 1 Knoblauchzehe schälen, ebenfalls fein hacken. Mit Basilikum, Mandeln, 1 TL Olivenöl und 1 TL geriebenem Parmesan zu einer Paste verrühren. Die Paste mit Salz, Pfeffer und einem Spritzer Tabasco würzen. 150 g Hähnchenbrust so einschneiden, dass eine Tasche entsteht. Mit Basilikummasse füllen, die Tasche mit Holzspießen verschließen. In 1 TL Olivenöl bei starker Hitze von beiden Seiten je 4 Min. anbraten. 200 g stückige Tomaten (Packung) erhitzen. 1 Knoblauchzehe schälen, durch die Presse dazudrücken. Tomaten mit 1/4 TL getrocknetem Thymian, Salz und Pfeffer würzen. Fleisch mit den Tomaten servieren.

Tatar-Chinakohl-Röllchen

2 Chinakohlblätter kurz blanchieren, abtropfen lassen. 1 Knoblauchzehe schälen und fein hacken. 150 g rote Paprikaschote halbieren, putzen, waschen und würfeln. 1/2 Bund Schnittlauch waschen, einige Halme beiseite legen, Rest in Röllchen schneiden. 100 g Tatar mit Paprikawürfeln, Knoblauch und 2 EL Mehl verkneten. Mit Schnittlauchröllchen, Salz und Pfeffer würzen. Chinakohlblätter damit füllen, aufrollen und mit den Schnittlauchhalmen verknoten. In 1 TL heißem Rapsöl 3 Min. anbraten, mit 100 ml Fleischbrühe ablöschen, zugedeckt bei starker Hitze 10 Min. garen.

Rote Fleischpfanne

150 g Schweineschnitzel in Streifen schneiden. 150 g rote Paprikaschote halbieren, putzen, waschen, würfeln. 1 Möhre putzen und schälen. 1 Zwiebel schälen, beides klein schneiden und in 1 TL heißem Olivenöl 3 Min. braten. Fleisch 2 Min. mitbraten. Paprikawürfel zufügen und 2 Min. braten. Mit 100 ml Gemüsebrühe ablöschen und 5 Min. kochen lassen. 1 EL Tomatenmark mit 1 TL Speisestärke und 2 EL Brühe verrühren, unter das Fleisch rühren. Mit 1/2 TL getrocknetem Thymian, Cayennepfeffer, Salz und Pfeffer würzen.

Fleisch

Kalbschnitzel mit Pilzen

150 g Pfifferlinge putzen und abreiben. 1/2 Bund Petersilie waschen, die Blättchen sehr fein hacken. 1 Kalbschnitzel flach klopfen, salzen und pfeffern und mit Mehl bestäuben. In 1 EL heißem Rapsöl kurz braten und warm stellen. 1 kleine Zwiebel schälen, fein hacken und im übrigen Bratfett glasig werden lassen. Pfifferlinge zugeben, mit 100 ml Gemüsebrühe ablöschen und offen 5 Min. dünsten. Petersilie und 50 g Frischkäse (5 % Fett) zugeben und aufkochen lassen. Mit Salz und Pfeffer würzen, zum Fleisch servieren.

Putenschnitzel mit Pilzen

100 g Austernpilze putzen, eventuell abreiben und in Streifen schneiden. 2 Frühlingszwiebeln putzen, waschen und in feine Ringe schneiden. 1 Möhre putzen, schälen und in dünne Scheiben schneiden. 150 g Putenschnitzel in schmale Streifen schneiden. 1 Knoblauchzehe und 1 kleines Stück Ingwer schälen. Beides fein hacken und in 1 TL heißem Rapsöl glasig werden lassen. Fleisch zugeben und 3 Min. anbraten. Pilze und Möhre mitdünsten. 3 EL Gemüsebrühe mit 1/2 TL Speisestärke anrühren und unterrühren. Mit Pfeffer, Cayennepfeffer und etwas Sojasauce würzen.

Schweinefleisch mit Sellerie

150 g Schweineschnitzel klein würfeln und in einer Marinade aus 2 EL Sojasauce und 2 EL Aceto balsamico einlegen. 1 große Stange Staudensellerie putzen, waschen und in Scheiben schneiden. 1 kleine rote Paprikaschote halbieren, putzen, waschen, würfeln. 1 Knoblauchzehe schälen, klein schneiden und in 1 TL Olivenöl glasig werden lassen. Fleisch und Gemüse darin kurz anbraten. Mit Marinade ablöschen und offen 5 Min. dünsten. Mit Pfeffer, Kurkuma, mildem Currypulver würzen.

Leberspieße

1 Knoblauchzehe schälen und in Scheiben schneiden. 1 Zweig Rosmarin waschen, die Nadeln grob hacken. Mit Knoblauch und 1 TL Olivenöl verrühren. 6 Cocktailtomaten waschen. 150 g Kalbsleber waschen, trockentupfen und in mittelgroße Würfel schneiden. Abwechselnd mit Cocktailtomaten, Knoblauchscheiben und 4 Perlzwiebeln auf 2 große Schaschlikspieße stecken. Mit Kräuteröl bestreichen, mit Salz, Pfeffer und etwas Cayennepfeffer würzen. In der Pfanne von jeder Seite 5 Min. garen.

Gulasch mit Oliven

150 g Schweineschnitzel in Würfel schneiden. 1 kleine Zwiebel schälen, klein würfeln und in 1 TL heißem Rapsöl glasig werden lassen. Fleisch zugeben und 3 Min. mitbraten. Mit 100 ml Fleischbrühe ablöschen. 1/2 Lorbeerblatt, 1/2 TL getrockneten Thymian zugeben und offen bei starker Hitze einkochen. 1 Zucchino waschen, in kleine Würfel schneiden und mit 10 grünen, entsteinten und halbierten Oliven zugeben. Mit 1/2 TL Zitronensaft, Salz und Pfeffer würzen. Zum Servieren Lorbeerblatt entfernen.

Medaillons mit Rotkohl

200 g TK-Rotkohl in 100 ml Apfelsaft bei geringer Hitze auftauen lassen. 3 Frühlingszwiebeln putzen, waschen, in kleine Stücke schneiden und in 1 TL heißem Rapsöl glasig werden lassen. Rotkohl zugeben und aufkochen lassen. Mit Salz, Pfeffer, Zimt- und Nelkenpulver würzen. 100 g Schweinefilet flach klopfen, in Mehl wenden, überschüssiges Mehl abschütteln. Fleisch in 1 TL heißem Rapsöl von beiden Seiten je 3 Min. braten, salzen und pfeffern. Mit dem Rotkohl servieren.

Rindfleischragout mit Gemüse

150 g Rindfleisch in Würfel schneiden. 3 Frühlingszwiebeln putzen, waschen und klein schneiden. 1 Möhre putzen, schälen und würfeln. 200 g TK-Erbsen antauen lassen. Fleisch in 1 TL heißem Rapsöl von allen Seiten 3 Min. anbraten, Frühlingszwiebeln zugeben, 1 Min. mitbraten. Mit 100 ml Fleischbrühe ablöschen. 1 Lorbeerblatt, Erbsen und Möhre zugeben und zugedeckt bei mittlerer Hitze 5 Min. schmoren lassen. 50 g Frischkäse (5 % Fett) unterrühren, mit Salz und Pfeffer würzen.

Rinderhack-Eintopf

1 Knoblauchzehe schälen und durch die Presse drücken. 2 Tomaten waschen und klein schneiden. 100 g Tatar in 1 TL heißem Rapsöl anbraten, Knoblauch und Tomaten zugeben. Mit 100 ml Fleischbrühe ablöschen. 150 g Kidneybohnen (Dose) zugeben und mit 1/2 TL getrocknetem Oregano, 1/4 TL mildem Currypulver, Salz und Pfeffer würzen. Kurz aufkochen lassen.

Wirsingbeutel mit Kalbfleischfüllung

100 g Kalbsfilet sehr klein schneiden, mit 1 Eigelb, Salz, Pfeffer, Muskat und 1 EL Paniermehl vermengen. 4 große Wirsingblätter in Salzwasser kurz blanchieren und abtropfen lassen. Je 2 Blätter übereinander legen, mit der Hälfte der Fleischmasse füllen und die Blätter aufrollen. In 100 ml Gemüsebrühe zugedeckt bei starker Hitze 10 Min. garen.

Schweinefleisch-Möhren-Eintopf

2 Möhren putzen, schälen und würfeln. 100 g Schweineschnitzel in Würfel schneiden, in 1 TL heißem Rapsöl von allen Seiten anbraten. Mit 150 ml Fleischbrühe ablöschen und Möhren zugeben. Zugedeckt bei starker Hitze 10 Min. garen. 1/2 Bund Petersilie waschen, die Blättchen fein hacken. Den Eintopf mit Petersilie, Salz und Pfeffer würzen.

Schweinelende mit Kohlrabi

1 kleinen Kohlrabi (125 g) und 1 kleine Möhre schälen und in Stifte schneiden. 150 g Schweinelende in 1 TL heißem Rapsöl von beiden Seiten 5 Min. anbraten. Gemüse zugeben und kurz mitbraten. Mit 100 ml Fleischbrühe ablöschen und bei mittlerer Hitze 5 Min. garen. 2 EL Frischkäse (5 % Fett) unterrühren. 1/4 Bund Petersilie waschen, die Blättchen fein hacken. Fleisch mit Petersilie, Salz, Pfeffer und Muskat würzen.

Hähnchenbrust mit Krabben und Erbsen

100 g Hähnchenbrust würfeln. 1 kleine Stange Lauch putzen, das grüne Ende abschneiden. Lauch längs aufschneiden, gründlich waschen, in sehr feine Ringe schneiden und in 1 TL heißem Rapsöl 3 Min. braten. Fleischwürfel zugeben und 3 Min. anbraten. Mit 100 ml Hühnerbrühe ablöschen. 50 g TK-Erbsen und 50 g gegarte geschälte Krabben zugeben. Zugedeckt bei starker Hitze 10 Min. garen. Mit Salz, Pfeffer und wenig Paprikapulver würzen.

Roastbeef mit buntem Gemüse

300 g TK-Gemüsemischung in 100 ml Gemüsebrühe bei mittlerer Hitze auftauen und aufkochen lassen. 100 g Roastbeef in Streifen schneiden und zugeben. Von 1/3 Kästchen Kresse die Blättchen abschneiden und über das Gemüse streuen. Mit Salz, Pfeffer, Muskat und Cayennepfeffer kräftig würzen.

DER IDEAL-TIPP

Wählen Sie beim Fleischkauf fettarme Stücke wie Bug, Rostbraten, Lende oder Hüfte vom Rind, Rückensteak, Brust, Bug, Filet, Hals, Schlegel oder Filet vom Kalb, Kotelett oder Schnitzel vom Schwein.

Fisch

Kabeljau in Kapernsauce

→ raffiniert

Zubereitungszeit: 30 Min.
Pro Portion ca.: 457 kcal, 45 g Eiweiß, 8 g Fett, 49 g Kohlenhydrate, 13 g Ballaststoffe

je 4 Zweige Rosmarin und Basilikum | 2 Frühlingszwiebeln | 1 Tomate | 1 Möhre | 1 kleiner Kohlrabi (200 g) | 1 TL Olivenöl | 1 EL Kapern | 200 ml Fischfond (Glas) | Jodsalz | 50 g breite Vollkornnudeln 150 g Kabeljau | 1 EL Zitronensaft | Pfeffer

Kräuter waschen, fein hacken. Frühlingszwiebeln putzen, waschen, fein zerkleinern. Tomate waschen und würfeln. Möhre und Kohlrabi schälen, in Streifen schneiden. Zwiebeln in heißem Öl dünsten. Kräuter, Tomate, Kapern und Fond zugeben und einkochen. Gemüse in Salzwasser 10 Min. dünsten. Nudeln nach Packungsaufschrift garen. Fisch in Stücke schneiden, mit Zitronensaft beträufeln, salzen, pfeffern und in die Sauce legen. Zugedeckt 4 Min. garen. Nudeln abgießen, mit Gemüse vermengen, mit Fisch servieren.

GELBE VARIANTE

Pro Portion ca.: 625 kcal, 50 g Eiweiß, 16 g Fett, 69 g Kohlenhydrate, 18 g Ballaststoffe

Extra: 25 g breite Vollkornnudeln | 5 schwarze, entsteinte Oliven | 1 TL geriebener Parmesan

Statt 50 g 75 g Nudeln garen. Oliven klein schneiden, mit Parmesan über die Nudeln geben.

Schollenröllchen

→ raffiniert

Zubereitungszeit: 30 Min.
Pro Portion ca.: 363 kcal, 40 g Eiweiß, 11 g Fett, 26 g Kohlenhydrate, 7 g Ballaststoffe

200 g Kohlrabi | 1 Möhre | 1 Apfel | 1 TL Rapsöl
150 ml Gemüsebrühe | 150 g Schollenfilets
1 EL Zitronensaft | Jodsalz | Pfeffer | Paprikapulver
1 TL Speisestärke | 1 EL Frischkäse (5 % Fett)

Kohlrabi, Möhre und Apfel schälen. Apfel entkernen. Alles in Stifte schneiden. Öl erhitzen. Gemüse und Apfel darin kurz braten. Mit Brühe ablöschen und 15 Min. garen. Fisch waschen, entgräten, mit Zitronensaft beträufeln, mit Gewürzen würzen. Ofen auf 180° vorheizen. Gemüse- und Apfelstifte abtropfen lassen. Die Hälfte auf den Filets verteilen, diese aufrollen, mit Holzspießchen feststecken. Übriges Gemüse und Röllchen in eine Auflaufform geben. Im Ofen (Mitte, Umluft 160°) 30 Min. backen. Stärke, Frischkäse und Brühe verrühren und einkochen lassen. Die Sauce dazu servieren.

GELBE VARIANTE

Pro Portion ca.: 501 kcal, 44 g Eiweiß, 11 g Fett, 54 g Kohlenhydrate, 12 g Ballaststoffe

Extra: 3 kleine Kartoffeln (200 g)

Kartoffeln schälen, würfeln, mit Gemüse garen.

Schellfischpfanne

→ raffiniert

Zubereitungszeit: 30 Min.
Pro Portion ca.: 310 kcal, 42 g Eiweiß, 12 g Fett, 9 g Kohlenhydrate, 8 g Ballaststoffe

1 große Zwiebel | 1 kleine Fenchelknolle (175 g)
1 Tomate | 3 gesalzene Sardellenfilets
10 g schwarze, entsteinte Oliven | 1 TL Olivenöl
100 ml Weißwein (oder Gemüsebrühe)
150 g Schellfischfilet | 1/2 TL getrockneter Thymian | Jodsalz

Zwiebel schälen und klein schneiden. Fenchel waschen, putzen, vom mittleren Strunk befreien und in schmale Streifen schneiden. Stielansatz der Tomate entfernen. Tomate kurz überbrühen, häuten und achteln. Sardellenfilets abspülen und in kleine Stücke schneiden. Oliven klein schneiden.

Öl in einer Pfanne erhitzen, Zwiebel darin glasig werden lassen. Fenchel zugeben und zugedeckt bei mittlerer Hitze 5 Min. dünsten, Tomatenachtel, Sardellen, Oliven und Wein oder Brühe zugeben. Zugedeckt weitere 5 Min. dünsten.

Schellfisch entgräten, in große Würfel schneiden, dazugeben und 5 Min. mitdünsten. Mit Thymian und wenig Salz würzen.

GELBE VARIANTE

Pro Portion ca.: 569 kcal, 51 g Eiweiß, 23 g Fett, 39 g Kohlenhydrate, 15 g Ballaststoffe

Extra: 2 Kartoffeln | 1 Eigelb | 1 EL Sesamsamen

Kartoffeln schälen, halbieren, in wenig Salzwasser 20 Min. garen. Schnittflächen mit Eigelb bestreichen, in Sesam tauchen und unter dem Grill bei höchster Temperatur in 2 Min. goldgelb backen (im Backofen bei 250° etwa 15 Min.).

Seelachsfilet mit Gurkensalat

→ Blitzrezept

Zubereitungszeit: 15 Min.
Pro Portion ca.: 321 kcal, 41 g Eiweiß, 13 g Fett, 9 g Kohlenhydrate, 1 g Ballaststoffe

150 g Gurke | 1 Bund Dill | 1 TL Zucker | 1 TL Zitronensaft | 2 EL Magermilchjoghurt | Jodsalz | Pfeffer
1 EL Olivenöl | 200 g Seelachsfilet | 2 TL Lachskaviar

Gurke waschen, längs halbieren und in dünne Scheiben schneiden. Dill waschen, die Blättchen sehr fein hacken. Mit Zucker, Zitronensaft und Joghurt verrühren, mit Salz und Pfeffer würzen und zu den Gurken geben. Öl erhitzen. Seelachsfilet darin von beiden Seiten je etwa 1 Min. braten. Mit Salz und Pfeffer würzen. Auf dem Gurkensalat anrichten und mit Lachskaviar garniert servieren.

GELBE VARIANTE

Pro Portion ca.: 390 kcal, 43 g Eiweiß, 14 g Fett, 23 g Kohlenhydrate, 3 g Ballaststoffe

Extra: 1 fest kochende Kartoffel

Kartoffel mit Schale in Wasser 25 Min. garen. Pellen, in Scheiben schneiden und unter den Gurkensalat mischen.

Lachs mit Radieschensalat

→ Blitzrezept, bürotauglich

Zubereitungszeit: 15 Min.
Pro Portion ca.: 274 kcal, 23 g Eiweiß. 19 g Fett, 3 g Kohlenhydrate, 4 g Ballaststoffe

1/2 Bund Radieschen
50 g Mungobohnensprossen
1 kleine Zwiebel | 1 EL Apfelessig
1/2 TL Senf | 1 EL Gemüsebrühe
Jodsalz | Pfeffer
1/2 Kästchen Kresse
100 g Lachsfilet | 1 TL Rapsöl

Radieschen und Mungobohnensprossen waschen. Radieschen putzen, in kleine Stücke schneiden und mit den Sprossen vermengen. Zwiebel schälen, fein hacken. Mit Essig, Senf und Brühe zu einer Salatsauce verrühren, mit Salz und Pfeffer würzen. Radieschen und Sprossen mit der Sauce vermengen. Die Kresse mit der Küchenschere vom Beet abschneiden und darüber streuen.

Lachsfilet waschen und entgräten. Öl erhitzen. Lachsfilet darin von beiden Seiten je 3 Min. braten. Mit Salz und Pfeffer würzen. Lachs mit dem Salat servieren. Schmeckt warm und kalt.

GELBE VARIANTE

Pro Portion ca.: 511 kcal, 26 g Eiweiß, 25 g Fett, 45 g Kohlenhydrate, 5 g Ballaststoffe

Extra: 50 g Reis
2 EL Salatcreme (30 % Fett)

100 g Salzwasser aufkochen lassen. Reis zugeben und zugedeckt bei geringer Hitze 20 Min. quellen lassen. Lachs wie beschrieben vorbereiten, würfeln und braten. Mit Reis, Radieschensalat und Salatcreme vermengen.

Kabeljau mit Champignons und Petersiliensauce

→ Blitzrezept

Zubereitungszeit: 15 Min.
Pro Portion ca.: 296 kcal, 48 g Eiweiß, 10 g Fett, 2 g Kohlenhydrate, 3 g Ballaststoffe

100 ml Fischfond (Glas)
1/2 Bund Petersilie
1 flaches Kabeljaufilet (200 g)
2 EL Zitronensaft
150 g kleine Champignons | 1 TL Rapsöl
20 g Frischkäse (5 % Fett)
Jodsalz | Pfeffer

Den Fischfond auf die Hälfte einkochen lassen. Petersilie waschen, trockenschütteln und die Blättchen sehr fein hacken. Kabeljaufilet waschen, entgräten, mit 1 EL Zitronensaft beträufeln.

Champignons putzen, eventuell abreiben und in dünne Scheiben schneiden. Öl erhitzen. Champignons darin bei mittlerer Hitze 3 Min. braten. Kabeljaufilet zugeben und von beiden Seiten je 1 Min. mitbraten. Mit Salz und Pfeffer würzen und warm halten.

Petersilie, Frischkäse und übrigen Zitronensaft unter den Fischfond rühren. Die Sauce mit Salz und Pfeffer würzen und zum Kabeljaufilet mit Champignons servieren.

GELBE VARIANTE

Pro Portion ca.: 516 kcal, 56 g Eiweiß, 12 g Fett, 43 g Kohlenhydrate, 9 g Ballaststoffe

Extra: 2 Kartoffeln | 1/2 Bund Petersilie
100 ml fettarme Milch
Muskatnuss, frisch gerieben

Kartoffeln mit Schale in Wasser 25 Min. kochen. Petersilie waschen, trockenschütteln, die Blättchen fein hacken. Milch erhitzen. Kartoffeln pellen und heiß durch die Kartoffelpresse drücken oder zerstampfen. Mit der Milch verrühren, mit Salz, Pfeffer und Muskat würzen. Die Petersilie unterrühren. Das Püree als Beilage zum Fisch servieren.

Seelachs mit panierten Selleriescheiben

→ raffiniert

Zubereitungszeit: 40 Min.
Pro Portion ca.: 451 kcal, 47 g Eiweiß, 11 g Fett, 40 g Kohlenhydrate. 10 g Ballaststoffe

1/2 kleiner Knollensellerie (180 g)
Jodsalz | Pfeffer | 1 Ei | 1 Spritzer Tabasco
2 EL Mehl | 2 EL Paniermehl | 150 g Seelachsfilet
1 große Tomate (150 g) | 1/2 Bund Basilikum
1 EL Zitronensaft | 30 g Frischkäse (5 % Fett)
Außerdem: Öl für die Form

Sellerie schälen, in fünf Scheiben schneiden, mit Salz und Pfeffer würzen. Ei mit Tabasco verquirlen. Selleriescheiben in Mehl, Ei und Paniermehl wenden. Selleriescheiben auf einen Rost geben und im sich auf 200° aufheizenden Backofen (Mitte, Umluft 180°) garen.

Eine kleine feuerfeste Form mit Öl ausstreichen. Seelachsfilets kalt abspülen, mit Küchenpapier trockentupfen und mit Zitronensaft beträufeln. Fisch salzen und in die Form legen.

Tomate waschen und ohne Stielansatz in sehr kleine Würfel schneiden. Basilikum waschen, trockenschütteln, die Blättchen hacken.

Übriges verquirltes Ei mit Frischkäse verrühren, mit Tomate und Basilikum mischen und mit Salz und Pfeffer würzen. Die Mischung gleichmäßig über den Fisch gießen. Im Ofen (Mitte, Umluft 180°) mit den Selleriescheiben 20 Min. garen.

GELBE VARIANTE

Pro Portion ca.: 561 kcal, 50 g Eiweiß, 11 g Fett, 63 g Kohlenhydrate, 14 g Ballaststoffe

Extra: 2 Kartoffeln

Kartoffeln schälen. Kartoffeln und Sellerie in sehr dünne Scheiben schneiden und in eine gefettete Form schichten. Fisch und übrige Zutaten darauf geben, mit Paniermehl bestreuen und wie beschrieben backen.

Schollenfilet auf Zucchinoscheiben

→ raffiniert

Zubereitungszeit: 45 Min.
Pro Portion ca.: 311 kcal, 38 g Eiweiß, 5 g Fett, 27 g Kohlenhydrate, 2 g Ballaststoffe

200 ml Gemüsebrühe | 30 g Vollkornreis
150 g Schollenfilet | 1/2 TL Zitronensaft
Jodsalz | Pfeffer
1 kleiner Zucchino (100 g) | 1 EL Zitronensaft
Außerdem: Fett für die Form

75 ml Brühe aufkochen lassen. Reis zugeben und zugedeckt bei geringer Hitze 30 Min. quellen lassen. Eine Auflaufform einfetten.

Inzwischen das Schollenfilet waschen, mit Zitronensaft beträufeln, mit Salz und Pfeffer würzen. Backofen auf 150° vorheizen. Zucchino waschen, putzen und in sehr dünne Scheiben schneiden. Die Hälfte der Zucchinoscheiben in die Form schichten. Mit Salz und Pfeffer kräftig würzen.

Das Schollenfilet darauf legen, mit den restlichen Zucchinoscheiben belegen, diese salzen und pfeffern. Mit übriger Brühe übergießen und im Backofen (Mitte, Umluft 130°) 30 Min. garen.

Dill waschen, trockenschütteln, die Blättchen grob hacken und darüber streuen. Den Reis dazu servieren.

GELBE VARIANTE

Pro Portion ca.: 428 kcal, 42 g Eiweiß, 6 g Fett, 50 g Kohlenhydrate, 3 g Ballaststoffe

Extra: 30 g Wildreis | 75 ml Gemüsebrühe

Wildreis und Brühe mit zum Vollkornreis geben und 30 Min. garen.

Rotbarsch mit Frischkäsesauce und Bohnen

→ Blitzrezept

Zubereitungszeit: 15 Min.
Pro Portion ca.: 404 kcal, 53 g Eiweiß, 17 g Fett, 8 g Kohlenhydrate, 5 g Ballaststoffe

150 g Keniabohnen (ersatzweise Stangenbohnen)
Jodsalz | 150 g Rotbarschfilet | Pfeffer
1 TL Rapsöl | 75 ml Gemüsebrühe
3 EL Frischkäse (5 % Fett)
1 TL Kräuter der Provence
2 große Scheiben Lachsschinken

Bohnen waschen, putzen und in Salzwasser in 10 Min. bissfest garen, dann abgießen. Rotbarschfilet kalt abspülen, mit Küchenpapier trockentupfen und mit Pfeffer würzen. Öl in einer Pfanne erhitzen. Fisch darin von beiden Seiten 2 Min. anbraten, herausnehmen und warm stellen.

Brühe in die Pfanne geben und den Frischkäse unterrühren. Kräuter der Provence untermischen und die Sauce mit Salz würzen.

Fisch in die Sauce geben. Je eine Hälfte der Bohnen mit 1 Scheibe Lachsschinken umwickeln. Mit Rotbarsch und Frischkäsesauce servieren.

GELBE VARIANTE

Pro Portion ca.: 629 kcal, 64 g Eiweiß, 21 g Fett, 45 g Kohlenhydrate, 7 g Ballaststoffe

Extra: 50 g Bandnudeln | 50 g Frischkäse

Nudeln nach Packungsaufschrift in reichlich Salzwasser garen. Lachsschinken in Streifen schneiden. Nudeln abtropfen lassen, mit den gegarten Bohnen, dem Lachsschinken, 2 EL Nudelwasser und dem Frischkäse kurz erhitzen und zum Rotbarsch servieren.

Fischauflauf

→ gelingt leicht

Zubereitungszeit: 35 Min.
Pro Portion ca.: 356 kcal, 49 g Eiweiß, 15 g Fett, 6 g Kohlenhydrate, 6 g Ballaststoffe

1 kleine Zwiebel | 1 TL Rapsöl | 2 Tomaten
150 g Spinat (frisch oder tiefgekühlt) | Jodsalz
200 g Rotbarschfilet | 1 EL Zitronensaft
Pfeffer | Muskat, frisch gerieben

Zwiebel schälen, klein schneiden und im heißen Öl glasig werden lassen. Tomaten waschen, würfeln und 3 Min. mitdünsten. Spinat waschen, in kochendem Salzwasser kurz blanchieren, ausdrücken. Ofen auf 180° vorheizen. Fisch mit Zitronensaft beträufeln, salzen und pfeffern. Die Hälfte des Spinats in eine kleine ovale Auflaufform geben, mit Salz, Pfeffer und Muskat würzen. Fisch und Tomaten darauf verteilen. Übrigen Spinat darauf geben, würzen. Im Ofen (Mitte, Umluft 160°) 15 Min. garen.

GELBE VARIANTE

Pro Portion ca.: 549 kcal, 57 g Eiweiß, 19 g Fett, 36 g Kohlenhydrate, 8 g Ballaststoffe

Extra: 3 dicke Scheiben Baguette (60 g)
1 EL geriebener Parmesan

Baguette in die Form schichten. Spinat und Fisch darauf geben. Mit Parmesan bestreut überbacken.

Seezungenröllchen

→ raffiniert

Zubereitungszeit: 30 Min.
Pro Portion ca.: 340 kcal, 42 g Eiweiß, 15 g Fett, 8 g Kohlenhydrate, 13 g Ballaststoffe

100 g Spinat (tiefgekühlt) | 2 TL Frischkäse (5 % Fett) | 20 g gemahlene Mandeln
Jodsalz | Pfeffer | Muskatnuss, frisch gerieben
2 Seezungenfilets (150 g) | 2 TL Zitronensaft
1 kleine Möhre (75 g)
1/2 kleiner Knollensellerie (150 g)
Außerdem: Holzspießchen, Öl für die Form

Ofen auf 200° vorheizen. Eine Auflaufform einfetten. Spinat auftauen lassen, mit Frischkäse und Mandeln verrühren. Mit Salz, Pfeffer und Muskat würzen.

Fisch mit Zitronensaft beträufeln, salzen und pfeffern. Die Filets mit Spinatmasse bedecken, aufrollen, mit Holzspießchen feststecken, in die Form geben. Im Ofen (Mitte, Umluft 180°) 15 Min. garen.

Möhre und Sellerie schälen, in sehr feine Streifen schneiden. In Salzwasser 5 Min. garen. Gemüsestreifen zum Fisch servieren.

GELBE VARIANTE

Pro Portion ca.: 493 kcal, 47 g Eiweiß, 20 g Fett, 29 g Kohlenhydrate, 17 g Ballaststoffe

Extra: 150 g Kartoffeln | 5 grüne, entsteinte Oliven
1 TL geriebener Parmesan

Kartoffeln schälen. Mit Oliven, Möhren und Sellerie in feine Scheiben schneiden. In eine gefettete Auflaufform schichten, dabei kräftig würzen. Mit Parmesan bestreuen. Im Ofen 30 Min. garen. Mit gehackter Petersilie bestreut servieren.

Garnelenspieße

→ exotisch

Zubereitungszeit: 20 Min.
Pro Portion ca.: 370 kcal, 43 g Eiweiß, 9 g Fett, 27 g Kohlenhydrate, 4 g Ballaststoffe

1 Stange Staudensellerie | 100 ml Gemüsebrühe
1 Knoblauchzehe | 1/2 kleine Ananas (450 g)
50 ml Orangensaft | 2 EL Sojasauce | Kreuzkümmel
10 gegarte geschälte Riesengarnelen | 1 TL Rapsöl

Sellerie putzen, waschen, in Stücke schneiden. In kochender Brühe 1 Min. dünsten, herausnehmen. Knoblauch schälen, hacken. Ananas längs in drei Spalten teilen, diese schälen, vom mittleren Strunk befreien, in Stücke schneiden. Saft auffangen, mit Orangensaft, Knoblauch, Sojasauce und Kreuzkümmel einkochen lassen. Sellerie, Ananas und Garnelen auf Spieße stecken. Mit Knoblauchmarinade einpinseln. In heißem Öl 2–3 Min. braten.

GELBE VARIANTE

Pro Portion ca.: 579 kcal, 48 g Eiweiß, 10 g Fett, 72 g Kohlenhydrate, 6 g Ballaststoffe

Extra: 75 ml Fischfond (Glas) | 50 ml Orangensaft
50 g Reis | mildes Currypulver

Brühe und Orangensaft aufkochen, Reis darin 20 Min. quellen lassen. Mit Salz und Currypulver würzen. Zu den Spießen servieren.

Rotbarsch mit Lauch in Orangensauce

→ raffiniert

Zubereitungszeit: 30 Min.
Pro Portion ca.: 357 kcal, 41 g Eiweiß, 15 g Fett, 14 g Kohlenhydrate, 3 g Ballaststoffe

1 unbehandelte Orange | 150 g Rotbarschfilet
Jodsalz | Pfeffer | 1 kleine Zwiebel
1 kleine Stange Lauch (150 g) | 1 TL Rapsöl
1/2 TL getrockneter Estragon | 100 ml Orangensaft
50 g Frischkäse (5 % Fett)

Orangenschale sehr dünn abreiben. Orange oben und unten abschneiden, auf ein Brett setzen und die Schale mit der gesamten weißen Haut ringsum von oben nach unten in einzelnen Streifen abschneiden. Die einzelnen Orangenfilets mit einem scharfen, kleinen Messer entlang der Segmenthäutchen herausschneiden, dabei den Saft auffangen.

Fisch mit dem aufgefangenen Orangensaft beträufeln, mit Orangenschale, Salz und Pfeffer würzen. Zwiebel schälen und sehr fein hacken. Lauch putzen, das grüne Ende abschneiden. Lauch längs aufschneiden, gründlich waschen und in Ringe schneiden. Mit Zwiebel in heißem Öl 5 Min. dünsten, Estragon und Orangensaft zugeben. Fisch bei geringer Hitze 5 Min. mitgaren. Frischkäse unterrühren und Orangenfilets zugeben.

GELBE VARIANTE

Pro Portion ca.: 566 kcal, 49 g Eiweiß, 18 g Fett, 50 g Kohlenhydrate, 6 g Ballaststoffe

Extra: 50 g feine Fadennudeln | 3 EL Fischfond (Glas) | Ingwerpulver | 1 TL Erdnussbutter

Nudeln nach Packungsaufschrift in reichlich Salzwasser garen. Übrige Zutaten zu einer Sauce verrühren, salzen, pfeffern. Nudeln abtropfen lassen, mit Sauce verrühren und zum Fisch servieren.

Forelle in Folie gegart

→ raffiniert

Zubereitungszeit: 55 Min.
Pro Portion ca.: 296 kcal, 30 g Eiweiß, 7 g Fett, 26 g Kohlenhydrate, 4 g Ballaststoffe

1 Forelle (200 g) | 2 TL Zitronensaft
Jodsalz | Pfeffer | 5 Zweige Petersilie
1 kleine Stange Lauch (150 g)
1 Apfel | 100 ml Apfelsaft
50 g Frischkäse (5 % Fett)
1 TL Meerrettich (Glas) | 2 TL Kapern

Forelle waschen, mit Küchenpapier abtrocknen und mit Zitronensaft beträufeln. Mit Salz und Pfeffer würzen. Petersilie waschen, trockenschütteln, die Blättchen sehr fein hacken. Forelle damit füllen.

Lauch putzen, das dunkelgrüne Ende abschneiden. Lauch längs aufschneiden, gründlich waschen und in sehr feine Ringe schneiden. Apfel waschen, vom Kerngehäuse befreien und in kleine Streifen schneiden. Apfelsaft mit Frischkäse und Meerrettich verrühren, mit Salz und Pfeffer kräftig würzen.

Backofen auf 220° vorheizen. Ein großes Stück Alufolie (blanke Seite nach innen) mit Lauch, Apfelstücken und Kapern belegen, Forelle und Frischkäse-Apfel-Sauce darüber geben. Folie so verschließen, dass keine Flüssigkeit austreten kann. Im Backofen (Mitte, Umluft 200°) 30 Min. garen.

GELBE VARIANTE

Pro Portion ca.: 525 kcal, 42 g Eiweiß, 10 g Fett, 64 g Kohlenhydrate. 7 g Ballaststoffe

Extra: 50 g Bandnudeln | 1 Knoblauchzehe
50 g Frischkäse (5 % Fett)
1 TL Tomatenmark | 1/4 TL Kurkuma

Nudeln nach Packungsaufschrift in reichlich Salzwasser garen. Knoblauch schälen, durch die Knoblauchpresse drücken und mit den übrigen Zutaten verrühren. Die Mischung kurz erhitzen. Nudeln abgießen und mit der Sauce zur Forelle servieren.

Tunfisch im Tomaten-Krabben-Sud

→ raffiniert

Zubereitungszeit: 20 Min.
Pro Portion ca.: 449 kcal, 46 g Eiweiß, 27 g Fett, 6 g Kohlenhydrate, 2 g Ballaststoffe

100 g Tunfisch | 1 TL Zitronensaft | Jodsalz | Pfeffer
1 Zwiebel | 1 TL Olivenöl | 150 ml passierte Tomaten (Packung) | 5 grüne, entsteinte Oliven
1 TL Kapern | 100 g geschälte gegarte Krabben

Tunfisch mit Zitronensaft beträufeln, salzen und pfeffern. Zwiebel schälen, fein hacken und in heißem Öl kurz dünsten. Tunfisch darin von beiden Seiten anbraten. Mit Tomatenpüree ablöschen. Oliven in Scheiben schneiden. Mit Kapern und Krabben zum Fisch geben. Zugedeckt bei geringer Hitze 2 Min. ziehen lassen. Mit Salz und Pfeffer würzen.

GELBE VARIANTE

Pro Portion ca.: 658 kcal, 52 g Eiweiß, 28 g Fett, 48 g Kohlenhydrate, 4 g Ballaststoffe

Extra: 150 ml Fischfond (Glas) | 50 g Rundkornreis
4 Cocktailtomaten

Brühe aufkochen, Reis darin 20 Min. quellen lassen. Tomaten waschen, klein schneiden und unter den Reis geben, erhitzen und zum Fisch servieren.

Garnelen in Kokos-Curry-Sauce

→ Blitzrezept

Zubereitungszeit: 15 Min.
Pro Portion ca.: 414 kcal, 48 g Eiweiß, 19 g Fett, 10 g Kohlenhydrate, 1 g Ballaststoffe

1 milde kleine Chilischote
1 Knoblauchzehe | 2 EL Zitronensaft
200 g geschälte gegarte Garnelen
Jodsalz | 2 kleine Zwiebeln
1 Stück frischer Ingwer (etwa haselnussgroß)
1 TL Rapsöl | 50 ml Kokosmilch (Dose)
50 g Frischkäse (5 % Fett)
50 ml Orangensaft
1 EL mildes Currypulver
1/2 TL rosenscharfes Paprikapulver

Chilischote halbieren, von der Kernen befreien und in feine Streifen schneiden. Knoblauch schälen, durch die Presse drücken und mit Zitronensaft und Chilistreifen verrühren. Garnelen salzen und kurz im Zitronensaft marinieren.

Zwiebeln und Ingwer schälen, fein hacken und im heißen Öl 2 Min. braten. Kokosmilch, Frischkäse, Orangensaft und Garnelen mit der Marinade zugeben und erhitzen. Mit Salz, Curry- und Paprikapulver würzen.

GELBE VARIANTE

Pro Portion ca.: 603 kcal, 53 g Eiweiß, 20 g Fett, 50 g Kohlenhydrate, 2 g Ballaststoffe

Extra: 1 Stück frischer Ingwer (haselnussgroß)
100 ml Fischfond (Glas) | 50 g Duftreis

Ingwer schälen und sehr fein hacken. Fond aufkochen lassen. Ingwer und Reis zugeben und zugedeckt bei geringer Hitze 15 Min. quellen lassen. Den Reis mit Salz würzen und zu den Garnelen servieren.

Gemüse-Kabeljau-Topf

1 große Gemüsezwiebel schälen, klein schneiden und in 1 TL heißem Rapsöl glasig werden lassen. 300 g TK-Gemüsemischung und 200 g TK-Kabeljau zugeben und 2 Min. mitdünsten. Mit 200 ml Fischfond (Glas) und 1 TL Zitronensaft ablöschen. Zugedeckt 15 Min. dünsten. Mit Salz, Pfeffer und 1 Spritzer Tabasco würzen. 1/4 Bund Dill waschen, grob hacken und darüber streuen.

Scholle auf Schmorgurke

1 kleine Schmorgurke in mittelgroße Würfel schneiden. 1 Zwiebel schälen, fein hacken und in 1 TL heißem Rapsöl glasig werden lassen. Mit 1 TL Zitronensaft und 150 ml Fischfond (Glas) ablöschen. Gurkenwürfel zugeben. 200 g Schollenfilets in mundgerechte Stücke teilen, auf den Gurken verteilen und zugedeckt bei mittlerer Hitze 5 Min. garen.

Schollenfilets in Folie gegart

Backofen auf 200° vorheizen. 150 g Schollenfilets mit 1 TL Zitronensaft beträufeln, auf ein großes Stück Alufolie (blanke Seite nach innen) legen. 1/2 Bund Dill waschen, die Blättchen fein hacken. 2 Frühlingszwiebeln putzen, waschen und in Ringe schneiden. 100 g Champignons putzen, eventuell abreiben und in Scheiben schneiden. Dill, Frühlingszwiebeln und Pilze auf dem Fisch verteilen. Folie dicht verschließen und im Ofen (Mitte, Umluft 180°) 30 Min. garen.

Schollenfilet mit Lauch

1 kleine Stange Lauch putzen, das dunkelgrüne Ende abschneiden. Lauch längs aufschneiden, gründlich waschen, in feine Ringe schneiden. 50 g Champignons putzen, eventuell abreiben und klein schneiden. 5 Cocktailtomaten waschen und halbieren. 1 Zweig Basilikum waschen, Blättchen sehr fein hacken. Lauch in 1 TL heißem Olivenöl 3 Min. dünsten. 200 g Schollenfilet mit 1 TL Zitronensaft beträufeln, mit etwas Salz einreiben und mit Champignons, Tomaten und Basilikum auf den Lauch geben. Bei geringer Hitze 5 Min. ziehen lassen. Mit Salz und Pfeffer würzen.

Heilbutt mit Grapefruit

Den Saft von 1 Grapefruit auspressen und mit 150 ml Fischfond (Glas) aufkochen lassen. 100 g Heilbutt darin 4 Min. garen, herausnehmen, mit Salz und Pfeffer würzen. Sud mit 2 TL Frischkäse (5 % Fett) einkochen. 1 kleinen Chicorée waschen, putzen, vom mittleren Strunk befreien, in große Stücke schneiden und im Grapefruitsud kurz dünsten. 1 Grapefruit schälen, dabei die weiße Haut entfernen. Grapefruitfilets herausschneiden, zum Chicorée geben, erhitzen, salzen und pfeffern. Heilbutt mit Grapefruitfilets, Chicorée und der Sauce servieren.

Kabeljau mit schwarzen Oliven

1 kleine Zwiebel schälen, grob hacken und in 1 TL heißem Rapsöl glasig werden lassen. 200 g stückige Tomaten (Packung) und 4 entsteinte, in Scheiben geschnittene schwarze Oliven zugeben, etwas einkochen lassen. Mit Salz und Pfeffer würzen. 100 ml Gemüsebrühe mit 2 EL Zitronensaft erhitzen. 150 g Kabeljaufilet darin 5 Min. garen. Den Fisch salzen, pfeffern und mit Tomaten und Oliven servieren.

Kabeljau-Tomaten-Ragout

200 g Kabeljaufilet in große Stücke teilen, mit 1 TL Zitronensaft beträufeln. 3 Zweige Basilikum waschen, die Blättchen sehr fein hacken. 6 Cocktailtomaten waschen und klein schneiden. 3 Frühlingszwiebeln putzen, waschen, in Ringe schneiden und in 1 TL heißem Olivenöl glasig werden lassen. Tomaten und 1 TL Kapern zugeben, mit 50 ml Fischfond (Glas) ablöschen. Fischstücke darauf legen, zugedeckt 10 Min. garen. Mit Salz und Pfeffer würzen.

Fisch mit Senfsauce und Salat

1 große Zwiebel schälen und vierteln, mit 1 EL Apfelessig, 2 EL Zitronensaft, 1 Lorbeerblatt, Salz und Pfeffer in 1/2 l Wasser aufkochen lassen. 200 g TK-Kabeljaufilet im leicht kochenden Sud 10 Min. ziehen lassen. 50 g Frischkäse (5 % Fett) mit 50 ml Fischsud zu einer Sauce einkochen, mit 2 TL

Senf, Salz und Pfeffer würzen. 1 kleinen Chicorée putzen, vom mittleren Strunk befreien, grob zerkleinern, waschen und abtropfen lassen. Mit einer Sauce aus 1 TL Rapsöl, 2 EL Magermilchjoghurt, 1/2 TL Tomatenmark, Salz und Pfeffer verrühren. Fisch mit Senfsauce und Chicoréesalat servieren.

Räucherforelle mit Sellerie

1 kleinen Knollensellerie schälen, in kleine Würfel schneiden und in 1 TL heißem Olivenöl unter Rühren dünsten, mit 100 ml Fisch-Fond (Glas) ablöschen und zugedeckt bei mittlerer Hitze 10 Min. garen. 2 geräucherte Forellefilets im Backofen bei 150° kurz erwärmen. 1/2 Bund Dill waschen, die Blättchen fein hacken und mit 3 EL Frischkäse (5 % Fett), 1/2 TL Senf und 1/4 TL Meerrettich (Glas) verrühren. Mischung über die Selleriewürfel geben, mit Salz und Pfeffer würzen. Mit den warmen Forellenfilets servieren.

Seelachs aus dem Ofen

Backofen auf 200° vorheizen. 200 g Seelachs mit 1 TL Zitronensaft beträufeln, in eine gefettete Auflaufform geben. 1/2 Bund Petersilie waschen, die Blättchen fein hacken. Mit 3 EL Paniermehl, 1 Ei, 1 EL Frischkäse (5 % Fett) und 1 TL Paprikacreme (Ajvar) verrühren und über den Fisch geben. Im Backofen (Mitte, Umluft 180°) 15 Min. backen. 1 Paprikaschote halbieren, putzen, waschen und in kleine Würfel schneiden. Mit 1/2 TL getrocknetem Thymian in 1 TL heißem Olivenöl 5 Min. braten, mit Salz, Pfeffer und etwas mildem Currypulver würzen und zum Fisch servieren.

Tintenfisch auf Staudensellerie

150 g küchenfertige, kleine Tintenfischringe in 1 EL heißem Olivenöl 2 Min. braten, herausnehmen und mit 1 TL Zitronensaft beträufeln. 2 Stangen Staudensellerie putzen, waschen und in feine Scheiben schneiden. 1 kleine Zwiebel und 1 Knoblauchzehe schälen, beides klein schneiden. Mit dem Staudensellerie in 1 TL heißem Olivenöl 4 Min. dünsten. 250 g stückige Tomaten (Packung) zugeben und kurz aufkochen lassen. Tintenfischringe hinzufügen und zugedeckt bei schwacher Hitze aufkochen lassen. Mit Salz, Pfeffer und Cayennepfeffer würzen.

Lachs mit Garnelen

1/2 Bund Dill waschen, die Blättchen hacken. 1 kleine Zwiebel schälen und hacken. 200 g Lachsfilet mit 1 TL Zitronensaft beträufeln, mit Salz und Pfeffer würzen. Zwiebel in 1 TL heißem Rapsöl glasig werden lassen. Mit 100 ml Fischfond (Glas) ablöschen. 1/2 Lorbeerblatt und Lachs zugeben und 5 Min. garen. Lachs herausnehmen und warm halten. Sud ohne Lorbeerblatt mit einer Mischung aus 2 TL Frischkäse (5 % Fett) und 1/2 TL Speisestärke verrühren. Mit 1/2 TL Meerrettich (Glas) und 50 g gegarten geschälten Garnelen kurz aufkochen lassen. Mit Dill bestreut zum Lachs servieren.

Schellfisch auf Petersilienkruste

200 g Schellfischfilet mit 1 TL Zitronensaft beträufeln, mit Salz und Pfeffer würzen. 1 Bund Petersilie waschen, die Blättchen sehr fein hacken. 1 Knoblauchzehe schälen und fein hacken. 1 Scheibe GLYX-Ideal-Diät-Brot toasten, entrinden, klein schneiden, mit Petersilie und Knoblauch vermengen. Die Mischung in 1 EL heißem Olivenöl rösten. Fischfilet auf die Petersilien-Brot-Mischung legen und zugedeckt bei geringer Hitze 10 Min. ziehen lassen. Bei Bedarf etwas Fischfond (Glas) zugeben.

Garnelen-Auberginen-Topf

1 kleine Aubergine (200 g) waschen, putzen, in kleine Würfel schneiden. 1 kleine Zwiebel schälen, klein schneiden. Mit der Aubergine in 1 TL heißem Olivenöl 5 Min. braten. 150 g stückige Tomaten (Packung), 50 g TK-Erbsen und 100 g gegarte geschälte Garnelen zugeben. Mit 50 ml Fischfond (Glas) aufkochen lassen. Mit 1/2 TL mildem Currypulver, 1/4 TL Kurkuma, 1 Spritzer Tabasco, Salz und Pfeffer würzen. 1/4 Bund Petersilie waschen, die Blättchen sehr fein hacken und mit 1 TL Zitronensaft über den Garnelen-Auberginen-Topf streuen.

Käsekuchen

→ raffiniert, bürotauglich

Zubereitungszeit: 1 Std. 30 Min.
Pro Stück ca.: 234 kcal, 35 g Eiweiß, 2 g Fett, 17 g Kohlenhydrate, 2 g Ballaststoffe

Für 1 Springform von 26 cm (12 Stücke):
300 g Himbeeren | 2 Eier | 6 Päckchen Vanillezucker | 4 EL Weizengrieß | 1 Päckchen Backpulver
100 ml Orangensaft | 1 kg Magerquark

Ofen auf 220° vorheizen. Frische Himbeeren verlesen, tiefgekühlte antauen lassen. Eier, Vanillezucker, Grieß, Backpulver, Orangensaft und Quark verrühren. Hälfte der Masse in die gefettete Form geben. Himbeeren darüber geben. Mit übrigem Quark bedecken. Im Ofen (Mitte) bei 220° (Umluft 200°) 15 Min., dann bei 130°(Umluft 110°) 1 Std. backen.

GELBE VARIANTE

Pro Stück ca.: 365 kcal, 37 g Eiweiß, 9 g Fett, 31 g Kohlenhydrate, 2 g Ballaststoffe

Extra: 150 g Mehl | 50 g Zucker | 1 Päckchen Vanillezucker | 100 g kalte Butter | 1 Ei

Mehl mit Zucker und Vanillezucker vermengen. Butter in kleinen Stücken und Ei mit einem Messer unterhacken, mit kalten Händen verkneten. Den Teig 1 Std. kalt stellen. Teig ausrollen, in die gefettete Springform geben, dabei einen Rand formen. Teig mit einer Gabel einstechen. Im vorgeheizten Ofen (Umluft 200°) 8 Min. vorbacken. Quarkmasse darauf geben und backen.

Birnenkuchen

→ bürotauglich, raffiniert

Zubereitungszeit: 55 Min.,
Ruhezeit: 1 Std. 30 Min.
Pro Stück ca.: 102 kcal, 4 g Eiweiß, 1 g Fett, 19 g Kohlenhydrate, 3 g Ballaststoffe

Für 1 Springform von 26 cm (12 Stücke):
200 g Schrot-und-Korn-Brotbackmischung | 2 Eier
4 Birnen | 50 ml Orangensaft | 100 g Magerquark
30 g Zucker | 1 Prise gemahlene Nelken

Backmischung nach Packungsanleitung mit 120 ml warmem Wasser verkneten. Abgedeckt 30 Min. an einem warmen Ort gehen lassen. Eier unterkneten. Teig in die Form geben und 1 Std. gehen lassen. Ofen auf 200° vorheizen. Birnen schälen, entkernen, in schmale Spalten schneiden und auf dem Teig verteilen. Orangensaft mit Quark, Zucker und Nelkenpulver verrühren und über den Teig geben. Im Backofen (Mitte, Umluft 180°) 30 Min. backen.

GELBE VARIANTE

Pro Stück ca.: 167 kcal, 5 g Eiweiß, 5 g Fett, 26 g Kohlenhydrate, 3 g Ballaststoffe

Extra: 150 g Amarettini

Amarettini zerbröseln, 10 Min. vor Ende der Backzeit auf dem Guss verteilen und fertig backen.

Apfeltarte

→ bürotauglich, preiswert

Zubereitungszeit: 1 Std.
Pro Stück ca.: 111 kcal, 3 g Eiweiß, 3 g Fett, 17 g Kohlenhydrate, 1 g Ballaststoffe

Für 1 Springform von 26 cm (12 Stücke):
75 g Magerquark | 2 EL fettarme Milch
40 g Rapsöl | 50 g Vanillezucker | 200 g Mehl
1/2 Päckchen Backpulver | 500 g süße Äpfel
2 EL Zitronensaft | Zimtpulver
gemahlene Nelken | Ingwerpulver

Backofen auf 180° vorheizen. Quark mit Milch, Öl, 40 g Vanillezucker, Mehl und Backpulver verrühren. Den Teig sehr dünn in die gefettete Form drücken, dabei einen kleinen Rand formen.

Äpfel waschen, schälen, mit einem Apfelausstecher entkernen und in Scheiben schneiden. Mit Zitronensaft beträufeln. Fächerartig auf den Teig legen. Mit etwas Zimtpulver, gemahlenen Nelken und Ingwerpulver bestreuen.

Im Backofen (Mitte, Umluft 160°) 45 Min. backen. 30 ml Wasser und 10 g Vanillezucker verrühren. Die Tarte herausnehmen und mit Zuckerwasser bestreichen.

GELBE VARIANTE

Pro Stück ca.: 149 kcal, 3 g Eiweiß, 5 g Fett, 24 g Kohlenhydrate, 1 g Ballaststoffe

Extra: 100 g Marzipanrohmasse
3 EL Aprikosenmarmelade

Marzipanrohmasse zu einer Kugel formen, in der Größe der Form ausrollen und auf den Teig in die Springform geben. Die Äpfel darauf legen. Die Aprikosenmarmelade mit Zuckerwasser verrühren und den Kuchen damit bestreichen.

Zwiebelkuchen

→ bürotauglich, preiswert

Zubereitungszeit: 1 Std.
Pro Stück ca.: 182 kcal, 8 g Eiweiß, 7 g Fett, 22 g Kohlenhydrate, 3 g Ballaststoffe

Für 1 Springform von 26 cm (8 Stücke):
75 g Magerquark | 2 EL fettarme Milch
40 g Rapsöl | 200 g Mehl
1/2 Päckchen Backpulver
Jodsalz | 1 Prise Cayennepfeffer
500 g Zwiebeln | 1 Knoblauchzehe
2 Stangen Lauch (200 g) | 100 ml Gemüsebrühe
3 Zweige Thymian | 100 g Lachsschinken
Pfeffer | 1 TL geriebener Parmesan
Außerdem: Öl für die Form

Backofen auf 200° vorheizen. Die Form einfetten. Quark mit Milch, Öl, Mehl und Backpulver verrühren, mit Salz und Cayennepfeffer würzen. Teig sehr dünn in die Form drücken, dabei einen kleinen Rand formen.

Zwiebeln und Knoblauch schälen und sehr klein schneiden. Lauch putzen, längs aufschneiden, gründlich waschen und in feine Ringe schneiden. Mit den Zwiebeln in der Brühe dünsten, bis die Flüssigkeit verkocht ist. Thymian waschen, trockenschütteln, die Blättchen sehr fein hacken. Schinken in kleine Würfel schneiden.

Zwiebel-Lauch-Mischung mit Thymian, Salz und Pfeffer würzen. Mit Schinkenwürfeln auf den Teig geben, den Parmesan darüber streuen. Im Ofen (Mitte, Umluft 180°) 30 Min. backen.

GELBE VARIANTE

Pro Stück ca.: 227 kcal, 10 g Eiweiß, 7 g Fett, 32 g Kohlenhydrate, 4 g Ballaststoffe

Extra: 4 große Kartoffeln
Muskatnuss, frisch gerieben

Kartoffeln mit Schale in Wasser 25 Min. garen. Pellen, in Scheiben schneiden und mit den Zwiebeln auf den Teig geben. Statt mit Cayennepfeffer mit Muskat würzen.

Paprikafladen

→ bürotauglich, vegetarisch

Zubereitungszeit: 50 Min.,
Ruhezeit: 1 Std. 30 Min.
Pro Stück ca.: 151 kcal, 7 g Eiweiß, 5 g Fett, 19 g Kohlenhydrate, 4 g Ballaststoffe

Für 1 Springform von 26 cm (4 Stücke):
100 g Schrot-und-Korn-Brotbackmischung
4 EL fettarme Milch | 1 Ei | 10 Cocktailtomaten
1 gelbe Paprikaschote | 5 schwarze, entsteinte Oliven | 2 Zweige Thymian | 3 EL Tomatenmark
1 EL geriebener Parmesan

Backmischung nach Packungsanleitung mit 3 EL warmem Wasser und Milch verkneten, den Teig abgedeckt 30 Min. an einem warmen Ort gehen lassen. Das Ei unterkneten und den Teig in eine Springform geben. Abgedeckt 1 Std. gehen lassen.

Backofen auf 220° vorheizen. Tomaten waschen und vierteln. Paprikaschote halbieren, putzen, waschen und in feine Streifen schneiden. Oliven in Scheiben schneiden. Thymian waschen, trockenschütteln, die Blättchen fein hacken.

Teig mit Tomatenmark bestreichen und mit Tomatenstücken, Paprikastreifen und Olivenscheiben belegen, mit Thymian und Parmesan bestreuen. Im Backofen (Mitte, Umluft 200°) 20 Min. backen.

GELBE VARIANTE

Pro Stück ca.: 227 kcal, 10 g Eiweiß, 6 g Fett, 31 g Kohlenhydrate, 7 g Ballaststoffe

Extra: 400 g Mais (Dose) | Kurkuma

Mais abtropfen lassen, unter das Gemüse geben und mit etwas Kurkuma würzen. Das Gemüse, wie beschrieben, auf den Fladen geben.

DER IDEAL-TIPP

Sie können das GLYX-Ideal-Diät-Brot auch selber backen, und zwar mit der neuen Brotbackmischung »Schrot und Korn«. Der hohe Anteil an Vollkornschrot, Leinsamen und Kleie, aber auch Apfelpektin und Erbsenkleie verhelfen dem Mehl zu einem besonders günstigen glykämischen Index bzw. zu einer niedrigen glykämischen Last. Deshalb gibt es in diesem Buch zwei Backrezepte mit dieser Brotbackmischung. Heraus kamen dabei zwei knusprige Teige, die recht herzhaft schmecken, aber sich auch durchaus für süße Varianten eignen, wie der knusprige Birnenkuchen auf Seite 119 beweist.

Beerensuppe

→ raffiniert, bürotauglich

Zubereitungszeit: 20 Min.
Pro Portion ca.: 171 kcal, 3 g Eiweiß, 1 g Fett, 35 g Kohlenhydrate, 9 g Ballaststoffe

100 g gemischte Beeren (frisch oder tiefgekühlt) | 1/2 TL Speisestärke | 100 ml Orangensaft | 1 Päckchen Vanillezucker | gemahlene Nelken | Zimtpulver | 1 kleiner süßer Apfel (100 g)

Frische Beeren waschen und putzen. Frische oder tiefgekühlte Beeren in 100 ml Wasser kurz dünsten. Stärke mit Orangensaft anrühren, mit Vanillezucker, Nelken- und Zimtpulver zum Beerensud geben und aufkochen lassen.

Apfel schälen, vom Kerngehäuse befreien und in kleine Stücke schneiden. Apfelstücke zur Beerensuppe geben und die Suppe abkühlen lassen.

GELBE VARIANTE

Pro Portion ca.: 244 kcal, 4 g Eiweiß, 4 g Fett, 45 g Kohlenhydrate, 9 g Ballaststoffe

Extra: 2 Kugeln Zitronensorbet
1 TL gehackte Pistazien

Sorbetkugeln mit Pistazien auf die Beerensuppe geben.

Melonen-Kiwi-Kaltschale

→ raffiniert, bürotauglich, Blitzrezept

Zubereitungszeit: 15 Min.
Pro Portion ca.: 282 kcal, 5 g Eiweiß, 1 g Fett, 59 g Kohlenhydrate, 7 g Ballaststoffe

2 Kiwis | 1 kleine Galiamelone (400 g) | 100 ml Orangensaft | 1 Päckchen Vanillezucker | 1 Zweig Zitronenmelisse

Kiwis schälen. Galiamelone halbieren und von den Kernen befreien. Das Fruchtfleisch der einen Melonenhälfte mit einem Kugelausstecher herauslösen.

Das Fruchtfleisch der anderen Melonenhälfte von der Schale lösen und mit den Kiwis, dem Orangensaft und Vanillezucker sehr fein pürieren. Melonenkugeln dazugeben. Die Suppe mit Zitronenmelisse servieren.

ROTE VARIANTE

Pro Portion ca.: 513 kcal, 6 g Eiweiß, 14 g Fett, 87 g Kohlenhydrate, 11 g Ballaststoffe

Extra: 20 g Kokosraspel | 3 Päckchen Vanillezucker

Kokosraspeln ohne Fett in einer Pfanne kurz rösten. Vanillezucker zugeben, unter Rühren flüssig werden lassen. Die karamellisierten Kokosraspel sofort aus der Pfanne nehmen, bevor sie verbrennen. Die Kaltschale damit garnieren.

Iris' Tipp

Kleine Sünden

Manchmal esse ich auch was Süßes. Wenn ich daraufhin zunehme, halte ich mich umso stärker an die grünen Rezepte und erreiche mit mehr Bewegung mein altes Gewicht wieder.

Ananas-Mango-Salat

→ exotisch, bürotauglich

Zubereitungszeit: 25 Min.
Pro Portion ca.: 257 kcal, 4 g Eiweiß, 7 g Fett, 44 g Kohlenhydrate, 5 g Ballaststoffe

1/4 Ananas (225 g) | 1 kleine Mango (300 g)
1 TL Zitronensaft | 1 EL Orangensaft | 1 EL Rosinen
1 Zweig Pfefferminze | 1 EL gehackte Pistazien

Ananas längs halbieren, vom mittleren Strunk befreien, schälen und klein schneiden. Mango schälen. Fruchtfleisch würfeln. Mit Zitronensaft beträufeln. Orangensaft erhitzen, Rosinen darin erwärmen. Pfefferminze waschen, die Blättchen zum Saft geben. Über den Ananas-Mango-Salat gießen, 5 Min. ziehen lassen. Mit Pistazien bestreut servieren.

GELBE VARIANTE

Pro Portion ca.: 297 kcal, 4 g Eiweiß, 7 g Fett, 54 g Kohlenhydrate, 5 g Ballaststoffe

Extra: 1 EL Zucker

Zucker mit Pistazien in einer Pfanne erhitzen, bis der Zucker schmilzt und hellbraun wird. Die Masse auf ein Stück Backpapier geben, auseinander streichen und abkühlen lassen. Krokant auseinander brechen und zum Salat servieren.

Grüne Grütze mit Quarkcreme

→ bürotauglich, raffiniert

Zubereitungszeit: 30 Min.
Pro Portion ca.: 276 kcal, 9 g Eiweiß, 2 g Fett, 52 g Kohlenhydrate, 9 g Ballaststoffe

1 kleiner Apfel (100 g) | 2 TL Speisestärke
100 ml Apfelsaft | 1 Vanilleschote
gemahlene Nelke | 2 Kiwis
50 g Magerquark
3 EL Orangensaft
1/2 Päckchen Vanillezucker

Apfel schälen, vom Kerngehäuse befreien und in kleine Stücke schneiden.

Speisestärke mit etwas Apfelsaft anrühren. Mit übrigem Saft aufkochen lassen. Vanilleschote längs aufschneiden und mit den Apfelstücken einrühren. Alles erhitzen und mit etwas gemahlener Nelke würzen.

Kiwis schälen, in kleine Stücke schneiden und unter den Saft rühren. Vanilleschote entfernen, die Grütze kalt stellen.

Quark mit Orangensaft, Vanillezucker und etwas Nelkenpulver verrühren. Den Quark zur Grütze servieren.

GELBE VARIANTE

Pro Portion ca.: 342 kcal, 9 g Eiweiß, 2 g Fett, 68 g Kohlenhydrate, 8 g Ballaststoffe

Extra: 2 EL kandierte Ananasstücke

Ananasstücke sehr fein hacken und mit den Kiwis zur Grütze geben.

Früchte in Frischkäse

→ bürotauglich, vegetarisch

Zubereitungszeit: 20 Min.
Pro Portion ca.: 342 kcal, 18 g Eiweiß, 5 g Fett, 52 g Kohlenhydrate, 9 g Ballaststoffe

1 unbehandelte Orange | 2 Pfirsiche | 1 Kiwi
1 Birne | 1 EL Zitronensaft | 100 g körniger Frischkäse (10 % Fett i. Tr.) | 5 EL Magermilchjoghurt
1 TL Zimtpulver | 1/2 Päckchen Vanillezucker

Orange heiß abwaschen, Schale dünn abreiben, Saft auspressen. Pfirsiche abwaschen, entsteinen, in dünne Spalten schneiden. Kiwi schälen und in Scheiben schneiden. Birne schälen, entkernen, in Spalten schneiden. Mit Pfirsich, Kiwi, Zitronen- und Orangensaft vermengen. Frischkäse mit Joghurt, Zimtpulver, Vanillezucker und Orangenschale verrühren und über die Früchte geben.

GELBE VARIANTE

Pro Portion ca.: 437 kcal, 19 g Eiweiß, 6 g Fett, 73 g Kohlenhydrate, 11 g Ballaststoffe

Extra: 1 Banane

Banane, Joghurt, Zimtpulver und Vanillezucker mit Frischkäse pürieren. Über die Früchte geben.

Birnen-Joghurt-Schnitte

→ bürotauglich, raffiniert

Zubereitungszeit: 25 Min., Kühlzeit: 4 Std.
Pro Stück ca.: 71 kcal, 2 g Eiweiß, 1 g Fett, 13 g Kohlenhydrate, 1 g Ballaststoffe

Für 1 Kastenform von 20 cm Länge (10 Stücke):
8 Blatt Gelatine | 4 Birnen | 4 Gewürznelken
2 Zimtstangen | 500 g fettarmer Joghurt
50 g Zucker | 2 EL Zitronensaft

Gelatine in kaltem Wasser einweichen. Birnen schälen, entkernen, klein schneiden und in 100 ml Wasser mit Nelken und Zimtstangen kurz dünsten.

Zimt und Nelken herausnehmen. Gelatine ausdrücken, in den heißen Birnen auflösen. Birnen mit Joghurt, Zucker und Zitronensaft pürieren.

Form mit Klarsichtfolie auslegen. Birnen-Joghurt-Masse einfüllen und gleichmäßig verteilen. In mindestens 4 Std. im Kühlschrank fest werden lassen.

Zum Servieren die Form kurz in warmes Wasser tauchen, die Folie herausnehmen. Die Masse stürzen und in Scheiben schneiden.

GELBE VARIANTE

Pro Portion ca.: 116 kcal, 2 g Eiweiß, 1 g Fett, 24 g Kohlenhydrate, 2 g Ballaststoffe

Extra: 100 g Beeren (frisch oder tiefgekühlt)
100 g Puderzucker | 2 EL Zitronensaft
1 Zimtstange

Frische Beeren waschen und putzen. Die Beeren mit Puderzucker aufkochen lassen. Zitronensaft und Zimtstange darin bei starker Hitze unter Rühren zu einem Sirup einkochen. Zimtstange herausnehmen. Sirup zu den Schnitten servieren.

Beeren-Joghurt-Mousse

→ bürotauglich

Zubereitungszeit: 25 Min., Kühlzeit: 4 Std.
Pro Portion ca.: 259 kcal, 10 g Eiweiß, 5 g Fett, 40 g Kohlenhydrate, 6 g Ballaststoffe

3 Blatt weiße Gelatine | 1 TL Zitronensaft
200 g fettarmer Joghurt | 1/2 Päckchen Vanillezucker | 300 g süße Beeren (frisch oder tiefgekühlt) | 100 ml Apfelsaft | 1 Zweig Minze

Gelatine in kaltem Wasser einweichen. Zitronensaft mit Joghurt und Vanillezucker verrühren.

Frische Beeren waschen und putzen, größere klein schneiden, dann erhitzen. Tiefgekühlte Beeren unaufgetaut erhitzen. Ein Viertel der heißen Beeren für die Sauce beiseite stellen.

Gelatine ausdrücken, in den übrigen heißen Beeren auflösen, abkühlen lassen und unter den Joghurt geben. Die Masse in eine kleine Schüssel geben und im Kühlschrank in etwa 4 Std. fest werden lassen.

Die beiseite gestellten Beeren mit Apfelsaft langsam zu einer Sauce einkochen lassen. Minze waschen, die Blättchen abzupfen. Beeren-Joghurt-Mousse stürzen. it Beerensauce und Minze garnieren.

GELBE VARIANTE

Pro Portion ca.: 413 kcal, 15 g Eiweiß, 6 g Fett, 68 g Kohlenhydrate, 6 g Ballaststoffe

Extra: 100 ml fettarme Milch | 30 g Rundkornreis

Milch aufkochen lassen. Reis zugeben und darin zugedeckt bei geringer Hitze 20 Min. quellen lassen. Den Reis mit dem Beerensud unter den Joghurt geben.

Brigittes Tipp

Obst statt Chips

Chips und Süßes werden aus dem Haus verbannt. Denn wenn ich nachts vor dem Fernseher doch mal schwach werden könnte, ist nichts da. Dann tut es auch Obst oder Joghurt.

Hüttenkäse mit Pflaumen

4 Pflaumen waschen, entkernen und achteln. Mit 100 g fettarmem Hüttenkäse, etwas Zimtpulver und 1 TL gehackten Walnüssen vermengen.

Orangenquark

100 ml Orangensaft, 50 g Frischkäse (5 % Fett) und 50 g Magerquark verrühren.

Mandarinen-Teller

2 Mandarinen schälen und in Scheiben schneiden. Auf einem großen Teller mit einer Mischung aus 50 g Magerquark, 50 g fettarmem Hüttenkäse, Zimtpulver und 1 TL gehackten Pistazien servieren.

Sesam-Mandarinen-Knäcke

1 Scheibe hauchdünnes Knäckebrot mit 1 TL Magerquark bestreichen. 1 Mandarine schälen, klein schneiden, auf dem Quark verteilen und mit 1/2 TL gerösteten Sesamsamen bestreuen.

Apfelquark

1 Apfel schälen, vom Kerngehäuse befreien und reiben. Mit 100 g Magerquark, 1 EL gehackten Haselnüssen und 1 EL Rosinen verrühren.

Orangenjoghurt

1 Orange schälen, in Spalten teilen, die Spalten klein schneiden und mit 100 g Magermilchjoghurt verrühren. Mit 1 TL gerösteten Kokosraspeln servieren.

Apfel-Kokos-Joghurt

1 Apfel schälen, vom Kerngehäuse befreien und in kleine Stücke schneiden. 1 TL Kokosraspel ohne Fett rösten, Apfelstücke zugeben und zusammenfallen lassen. Mit 100 g Magermilchjoghurt verrühren.

Nussjoghurt

1 EL grob gehackte Walnüsse ohne Fett rösten. Mit 150 g Magermilchjoghurt und 1/2 Päckchen Vanillezucker verrühren.

Mangocreme

1/2 Mango schälen, Fruchtfleisch vom Kern schneiden und mit 100 g Magermilchjoghurt und 50 ml Kokosmilch pürieren. Mit Zitronenmelisseblättchen servieren.

Ananas-Kokos-Salat

1/4 Ananas vom mittleren Strunk und der Schale befreien und in kleine Stücke schneiden. 1 EL Kokosraspel ohne Fett kurz rösten und über die Ananasstücke streuen. Mit etwas Ingwerpulver würzen.

Milchschaum

100 ml fettarme Milch erhitzen, aber nicht kochen lassen. Mit einem Mixer oder Schneebesen aufschäumen. Mit 1/2 Päckchen Vanillezucker und Zimtpulver würzen und mit Kokosraspeln servieren.

Gefüllter Staudensellerie

2 kleine Stangen Staudensellerie putzen und waschen. Mit einer Mischung aus 2 EL Magerquark und 1 TL Blauschimmelkäse füllen, mit Salz und Pfeffer würzen.

Gemüsestifte mit Dip

1 kleines Stück Gemüse (1 Möhre, 1 kleine Paprikaschote, 1 Zucchino, 1 kleiner Kohlrabi oder 1 Stange Staudensellerie) waschen, putzen und in Stifte schneiden. 50 g fettarmen Hüttenkäse mit 1/4 TL mildem Currypulver, Salz und Pfeffer würzen. Zu den Gemüsestiften essen.

Tomaten mit Basilikum-Hüttenkäse

3 Cocktailtomaten waschen, klein schneiden, mit 100 g fettarmem Hüttenkäse verrühren.
2 Zweige Basilikum waschen, die Blättchen klein schneiden. Hüttenkäse mit Basilikum, Salz und Pfeffer würzen.

Paprikacreme

Die Blättchen von 1/3 Kästchen Kresse abschneiden und mit 2 EL Paprikacreme (Ajvar) und 4 EL fettarmen Hüttenkäse verrühren.

Krabbencocktail

1/4 Bund Dill waschen, die Blättchen sehr fein hacken und mit 100 g Frischkäse (5 % Fett) und 50 g gegarten geschälten Krabben vermengen, mit Salz und Pfeffer würzen.

Tunfischdip

50 g Tunfisch im eigenen Saft (Dose) abtropfen lassen. Mit 50 g Magerquark, 50 g Frischkäse (5 % Fett), 1/2 TL Zitronensaft und etwas fein gehacktem Dill verrühren.

Räucherlachsröllchen

3 EL fettarmen Hüttenkäse mit 1 TL Senf verrühren, salzen, pfeffern und auf 3 große Scheiben Räucherlachs verteilen und die Scheiben aufrollen.

Gurkensalat

50 g Salatgurke waschen, in dünne Scheiben schneiden oder hobeln, mit 2 EL Magerquark, 1 TL Zitronensaft, etwas Schnittlauch, Salz und Pfeffer verrühren. Mit 1 TL gerösteten Sesamsamen bestreuen.

Radieschenquark mit Kresse

3 Radieschen putzen, waschen und in Scheiben schneiden. Mit 150 g Magerquark vermengen. Die Blättchen von 1/2 Kästchen Kresse abschneiden und unter den Radieschenquark rühren. Mit Salz und Pfeffer würzen.

Lachsschinken mit Gurke

2 Cornichons in Streifen schneiden, mit 1 EL fettarmem Hüttenkäse, Salz und Pfeffer vermengen, auf 4 Scheiben Lachsschinken verteilen und die Scheiben aufrollen.

Spargel-Schinken-Snack

5 Spargelstangen (Glas) in 5 Scheiben Lachsschinken einrollen, mit Salz und Pfeffer würzen.

Zucchini-Krabben-Brot

1 kleinen Zucchino waschen, putzen und in dicke Scheiben schneiden. In 100 ml Gemüsebrühe 10 Min. garen, mit Salz und Pfeffer würzen. 1/4 Bund Dill waschen, die Blättchen fein hacken, mit 50 g gegarten geschälten Krabben und 2 EL Salatcreme vermengen. Zucchinoscheiben zugeben und auf 1 großen Scheibe GLYX-Brot verteilen. Mit Salz und Pfeffer würzen.

Kräutertrunk

1 Päckchen tiefgekühlte, gemischte Kräuter mit 200 g Buttermilch mixen, mit Salz, Pfeffer und 1 Spritzer Tabasco würzen.

Möhrenshake

100 ml Möhrensaft mit 100 ml Molke mixen. Die Blättchen von 1/2 Kästchen Kresse mit der Küchenschere abschneiden und unter den Möhrenshake geben.

Gemüsedrink

5 Schnittlauchhalme waschen, in feine Röllchen schneiden. 100 ml Tomatensaft, je 50 ml Apfelsaft und Grapefruitsaft mischen. Mit Schnittlauch, 1 Spritzer Tabasco und Pfeffer würzen.

Pikanter Powershake

2 kleine Radieschen putzen, waschen und sehr fein hacken. Mit 100 ml Möhren- und 50 ml Apfelsaft pürieren, mit 1 Spritzer Tabasco und Pfeffer würzen.

Tomatendrink

100 g passierte Tomaten (Packung) mit 100 g Buttermilch mischen. 1/2 Bund Schnittlauch waschen,trockenschütteln und in sehr feine Röllchen schneiden. Den Drink mit Schnittlauch, Salz, Pfeffer und 1 Spritzer Tabasco würzen.

Die Ideal-Diät-Tabelle

Alle gängigen Lebensmittel wurden in Gruppen unterteilt und mit drei Farben gekennzeichnet. So erfahren Sie auf einen Blick, welche Ihnen beim Abnehmen gut tun und wovon Sie weniger essen sollten.
Die in Klammern angegebene Portionsgröße gibt an, für welche Menge eines Lebensmittels die jeweilige Beurteilung gilt. Ist die exakte Größe der Portion von entscheidender Bedeutung (wie etwa beim Zucker), so finden Sie in der Tabelle mehrere Portionsgrößen.

- → Bei der glykämischen Last berücksichtigt die Tabelle, wie stark die im Lebensmittel enthaltenen Kohlenhydrate den Blutzucker ansteigen lassen, und wie viele dieser Kohlenhydrate pro Portion enthalten sind.
- → Beim Fett wird in der Tabelle nicht nur die Menge beurteilt, sondern auch die Qualität. So ist Hering zwar ein fetter Fisch, wird aber wegen der wertvollen Fettsäuren empfohlen.
- → Das Gesamturteil ergibt sich aus der jeweils schlechtesten Bewertung. Hierbei bedeutet:

🟢 **Grüne Lebensmittel:** Guten Appetit, damit nehmen Sie ab!

🟡 **Gelbe Lebensmittel:** Sind zwar empfehlenswert, doch beim Abnehmen nicht mehr davon essen.

🔴 **Rote Lebensmittel:** Sind gut, wenn Sie sehr aktiv sind. Davon nur gelegentlich kleine Portionen essen.

Getreide, Getreideprodukte (Portionsgröße)	Glykämische Last pro Portion	Fett	Gesamturteil
Baguette (30 g)	🟡	🟢	🟡
Blätterteig (20 g)	🟢	🟡	🟡
Brezel (1 Stück = 30 g)	🟡	🟢	🟡
Brezel (2 Stück = 60 g)	🔴	🟢	🔴
Brot			
GLYX-Brot (1 dünne Scheibe = 30 g)	🟢	🟢	🟢
GLYX-Brot (1 mittlere Scheibe = 50 g)	🟢	🟢	🟢
Mischbrot (1 Scheibe = 30 g)	🟢	🟢	🟢
Mischbrot (1 mittlere Scheibe = 50 g)	🟡	🟢	🟡
Vollkornbrot (1 dünne Scheibe = 30 g)	🟢	🟢	🟢
Vollkornbrot (1 mittlere Scheibe = 50 g)	🟡	🟢	🟡
Weißbrot (1 Scheibe = 30 g)	🟢	🟢	🟢
Weißbrot (2 Scheiben = 60 g)	🟡	🟢	🟡

	Glykämische Last pro Portion	Fett	Gesamt-urteil
Brötchen			
Weißmehlbrötchen (50 g)	🟡	🟢	🟡
Vollkornbrötchen (50 g)	🟡	🟢	🟡
Cornflakes, gesüßt (30 g)	🔴	🟢	🔴
Cornflakes mit Ballaststoffen (30 g)	🟡	🟢	🟡
Couscous, roh (50 g)	🔴	🟢	🔴
Couscous, roh (30 g)	🟡	🟢	🟡
GLYX-Brot (1 dünne Scheibe = 30 g)	🟢	🟢	🟢
GLYX-Brot (1 mittlere Scheibe = 50 g)	🟢	🟢	🟢
Haferflocken (30 g)	🟢	🟢	🟢
Müslimischung (30 g)	🟡	🟢	🟡
Naturreis, roh (50 g)	🟡	🟢	🟡
Naturreis, roh (30 g)	🟢	🟢	🟢
Nudeln ohne Ei, roh (50 g)	🟡	🟢	🟡
Nudeln ohne Ei, roh (100 g)	🔴	🟢	🔴
Nudeln mit Ei, roh (50 g)	🟡	🟢	🟡
Nudeln mit Ei, roh (100 g)	🔴	🟢	🔴
Popcorn, salzig (20 g)	🟢	🟢	🟢
Popcorn, salzig (30 g)	🟡	🟢	🟡
Reis			
Naturreis, roh (30 g)	🟢	🟢	🟢
Naturreis, roh (50 g)	🟡	🟢	🟡
Parboiled Reis, roh (30 g)	🟢	🟢	🟢
Parboiled Reis, roh (50 g)	🟡	🟢	🟡
Weißer Reis, roh (30 g)	🟡	🟢	🟡

	Glykämische Last pro Portion	Fett	Gesamt-urteil
Weißer Reis, roh (50 g)	🔴	🟢	🔴
Reiskräcker (30 g)	🔴	🟢	🔴
Vollkornbrot (1 dünne Scheibe =30 g)	🟢	🟢	🟢
Vollkornbrot (1 mittlere Scheibe = 50 g)	🟡	🟢	🟡
Gemüse, Gemüseprodukte (Portionsgröße)			
Artischocke (100 g)	🟢	🟢	🟢
Aubergine (200 g)	🟢	🟢	🟢
Avocado (200 g)	🟢	🟡	🟡
Austernpilze (100 g)	🟢	🟢	🟢
Basilikum (5 g)	🟢	🟢	🟢
Blumenkohl (200 g)	🟢	🟢	🟢
Bohnen, grün (200 g)	🟢	🟢	🟢
Bohnen, weiß, roh (70 g)	🟢	🟢	🟢
Brechbohnen (200 g)	🟢	🟢	🟢
Brokkoli (200 g)	🟢	🟢	🟢
Buschbohnen (200 g)	🟢	🟢	🟢
Chicorée (100 g)	🟢	🟢	🟢
Chinakohl (100 g)	🟢	🟢	🟢
Eisbergsalat (100 g)	🟢	🟢	🟢
Endiviensalat (100 g)	🟢	🟢	🟢
Erbsen (200 g)	🟢	🟢	🟢
Feldsalat (50 g)	🟢	🟢	🟢
Frühlingszwiebeln (50 g)	🟢	🟢	🟢
Gemüsemais (150 g)	🟡	🟢	🟡
Gemüsemais (80 g)	🟢	🟢	🟢

	Glykämische Last pro Portion	Fett	Gesamt-urteil
Gewürzgurke (100 g)	🟢	🟢	🟢
Grünkohl (200 g)	🟢	🟢	🟢
Gurke (200 g)	🟢	🟢	🟢
Karotte (200 g)	🟢	🟢	🟢
Kartoffel (100 g)	🟢	🟢	🟢
Kartoffel (200 g)	🟡	🟢	🟡
Kartoffelchips (50 g)	🟡	🔴	🔴
Kartoffelpüree (150 g)	🟡	🟢	🟡
Kichererbse, roh (70 g)	🟢	🟢	🟢
Kidneybohne, roh (70 g)	🟢	🟢	🟢
Knoblauch (5 g)	🟢	🟢	🟢
Knollensellerie (200 g)	🟢	🟢	🟢
Kohlrabi (200 g)	🟢	🟢	🟢
Kopfsalat (100 g)	🟢	🟢	🟢
Kürbis (200 g)	🟢	🟢	🟢
Limabohne, roh (70 g)	🟢	🟢	🟢
Linsen, roh (70 g)	🟢	🟢	🟢
Linsen, rote, roh (70 g)	🟢	🟢	🟢
Mais (100 g)	🟡	🟢	🟡
Mangold (200 g)	🟢	🟢	🟢
Meerrettich (5 g)	🟢	🟢	🟢
Möhre (200 g)	🟢	🟢	🟢
Möhrensaft ohne Honigzusatz (1/4 l)	🟢	🟢	🟢
Oliven, grüne (50 g)	🟢	🟡	🟡
Oliven, schwarze (50 g)	🟢	🟡	🟡
Paprikaschote (200 g)	🟢	🟢	🟢
Petersilie (5 g)	🟢	🟢	🟢
Porree (200 g)	🟢	🟢	🟢
Portulak (200 g)	🟢	🟢	🟢
Radicchio (100 g)	🟢	🟢	🟢
Radieschen (100 g)	🟢	🟢	🟢
Rettich (100 g)	🟢	🟢	🟢
Rhabarber (120 g)	🟢	🟢	🟢
Rosenkohl (200 g)	🟢	🟢	🟢
Rotkohl (200 g)	🟢	🟢	🟢
Rucola (50 g)	🟢	🟢	🟢
Sauerkraut (100 g)	🟢	🟢	🟢
Schwarzwurzel (200 g)	🟢	🟢	🟢
Sellerie (200 g)	🟢	🟢	🟢
Spargel (200 g)	🟢	🟢	🟢
Spinat (200 g)	🟢	🟢	🟢
Staudensellerie (200 g)	🟢	🟢	🟢
Steckrübe (200 g)	🟢	🟢	🟢
Süßkartoffel (200 g)	🔴	🟢	🔴
Tomate (200 g)	🟢	🟢	🟢
Tomatenmark (5 g)	🟢	🟢	🟢
Tomatensaft (1/4 l)	🟢	🟢	🟢
Topinambur (200 g)	🟢	🟢	🟢
Weißkohl (200 g)	🟢	🟢	🟢
Wirsing (200 g)	🟢	🟢	🟢

	Glykämische Last pro Portion	Fett	Gesamt-urteil
Zucchini (200 g)	🟢	🟢	🟢
Zuckermais (150 g)	🟡	🟢	🟡
Zuckermais (80 g)	🟢	🟢	🟢
Zwiebel (30 g)	🟢	🟢	🟢
Pilze (Portionsgröße)			
Austernpilze (100 g)	🟢	🟢	🟢
Champignons (100 g)	🟢	🟢	🟢
Morcheln (100 g	🟢	🟢	🟢
Pfifferlinge (100 g)	🟢	🟢	🟢
Steinpilze (100 g)	🟢	🟢	🟢
Obst (Portionsgröße)			
Ananas (120 g)	🟢	🟢	🟢
Ananassaft (1/4 l)	🟡	🟢	🟡
Apfel (120 g)	🟢	🟢	🟢
Apfel, getrocknet (60 g)	🟢	🟢	🟢
Apfelsaft (1/4 l)	🟡	🟢	🟡
Apfelsine (120 g)	🟢	🟢	🟢
Apfelsinensaft (1/4 l)	🟢	🟢	🟢
Aprikosen (120 g)	🟢	🟢	🟢
Aprikosen, getrocknet (60 g)	🟢	🟢	🟢
Avocado (200 g)	🟢	🟡	🟡
Banane (120 g)	🟡	🟢	🟡
Birne (120 g)	🟢	🟢	🟢
Cantaloup-Melone (120 g)	🟢	🟢	🟢
Clementine (40 g)	🟢	🟢	🟢
Datteln, getrocknet (60 g)	🔴	🟢	🔴
Erdbeeren (120 g)	🟢	🟢	🟢
Erdbeermarmelade (30 g)	🟢	🟢	🟢
Feige, getrocknet (60 g)	🟡	🟢	🟡
Grapefruit (120 g)	🟢	🟢	🟢
Grapefruitsaft, ungesüßt (1/4 l)	🟡	🟢	🟡
Himbeeren (120 g)	🟢	🟢	🟢
Holunderbeeren (120 g)	🟢	🟢	🟢
Honigmelone (120 g)	🟢	🟢	🟢
Johannisbeeren (120 g)	🟢	🟢	🟢
Kirschen (120 g)	🟢	🟢	🟢
Kiwi (2 Stück = 120 g)	🟢	🟢	🟢
Konfitüre, max. 50 % Zuckerzugabe (30 g)	🟢	🟢	🟢
Korinthen (60 g)	🔴	🟢	🔴
Korinthen (1 EL = 15 g)	🟢	🟢	🟢
Limette (75 g)	🟢	🟢	🟢
Mandarine (50 g)	🟢	🟢	🟢
Mango (120 g)	🟢	🟢	🟢
Marmelade, max. 50 % Zuckerzugabe (30 g)	🟢	🟢	🟢
Oliven, grüne (50 g)	🟢	🟡	🟡
Oliven, schwarze (50 g)	🟢	🟡	🟡
Orange (120 g)	🟢	🟢	🟢
Orangensaft (1/4 l)	🟡	🟢	🟡
Papaya (120 g)	🟢	🟢	🟢
Pfirsich (120 g)	🟢	🟢	🟢

	Glykämische Last pro Portion	Fett	Gesamturteil
Pflaume (120 g)	🟢	🟢	🟢
Rosine (60 g)	🔴	🟢	🔴
Rosine (1 EL = 15 g)	🟢	🟢	🟢
Stachelbeeren (120 g)	🟢	🟢	🟢
Trauben (120 g)	🟢	🟢	🟢
Wassermelone (120 g)	🟢	🟢	🟢
Weintrauben (120 g)	🟢	🟢	🟢
Zitrone (80 g)	🟢	🟢	🟢
Zitronensaft (20 g)	🟢	🟢	🟢
Zwetschge (120 g)	🟢	🟢	🟢
Milch, Milchprodukte (Portionsgröße)			
Appenzeller Käse, 50 % Fett i. Tr. (60 g)	🟢	🔴	🔴
Bergkäse, 45 % Fett i. Tr. (30 g)	🟢	🔴	🔴
Briekäse, 50 % Fett i. Tr. (30 g)	🟢	🔴	🔴
Buttermilch (250 g)	🟢	🟢	🟢
Camembert, 60 % Fett i. Tr. (30 g)	🟢	🔴	🔴
Camembert, 45 % Fett i. Tr. (30 g)	🟢	🟡	🟡
Cheddarkäse, 50 % Fett i. Tr. (30 g)	🟢	🔴	🔴
Crème fraîche (1 EL = 15 g)	🟢	🟡	🟡
Dickmilch, 3,5 % Fett (250 g)	🟢	🟡	🟡
Doppelrahmfrischkäse (30 g)	🟢	🔴	🔴
Edamer, 45 % Fett i. Tr. (30 g)	🟢	🔴	🔴
Edamer, 30 % Fett i. Tr. (30 g)	🟢	🟡	🟡
Edelpilzkäse, 60 % Fett i. Tr. (30 g)	🟢	🔴	🔴
Emmentaler, 45 % Fett i. Tr. (30 g)	🟢	🔴	🔴
Feta, 45 % Fett i. Tr. (30 g)	🟢	🟡	🟡
Frischkäse, 20 % Fett i. Tr. (30 g)	🟢	🟡	🟡
Frischkäse, 5 % Fett (30 g)	🟢	🟢	🟢
Gorgonzola, 48 % Fett i. Tr. (30 g)	🟢	🔴	🔴
Gouda, 40 % Fett i. Tr. (30 g)	🟢	🟡	🟡
Gruyère, 45 % Fett i. Tr. (30 g)	🟢	🔴	🔴
Harzer Käse, ca. 2 % Fett i. Tr. (30 g)	🟢	🟢	🟢
Hüttenkäse, 10 % Fett i. Tr. (30 g)	🟢	🟢	🟢
Joghurt, 3,5 % Fett (200 g)	🟢	🟡	🟡
Joghurt, 1,5 % Fett (200 g)	🟢	🟢	🟢
Joghurt, 0,1 % Fett (200 g)	🟢	🟢	🟢
Kefir, 1,5 % Fett (200 g)	🟢	🟢	🟢
Magermilch (1/4 l)	🟢	🟢	🟢
Mascarpone (30 g)	🟢	🔴	🔴
Milch			
Vollmilch (1/4 l)	🟢	🔴	🔴
Fettarme Milch, 1, 5% Fett (1/4 l)	🟢	🟢	🟢
Magermilch, 0,1 % Fett (1/4 l)	🟢	🟢	🟢
Mozzarella, 45 % Fett i. Tr. (30 g)	🟢	🟡	🟡
Parmesan, 37 % Fett i. Tr. (10 g)	🟢	🟡	🟡
Quark			
Magerquark, 0,3 % Fett (30 g)	🟢	🟢	🟢
Speisequark, 20 % Fett i. Tr. (30 g)	🟢	🟡	🟡
Sahnequark, 40 % Fett i. Tr. (30 g)	🟢	🟡	🟡
Sahne (1 EL = 10 g)	🟢	🟡	🟡

	Glykämische Last pro Portion	Fett	Gesamturteil
Sahne (30 g)	grün	rot	rot
Saint-Albray, 50 % Fett i. Tr. (30 g)	grün	rot	rot
Saure Sahne (1 EL = 15 g)	grün	gelb	gelb
Schafkäse, 45 % Fett i. Tr. (30 g)	grün	gelb	gelb
Schmand (1 EL = 15 g)	grün	gelb	gelb
Schmelzkäse, 20 % Fett i. Tr. (30 g)	grün	gelb	gelb
Schmelzkäse, 30 % Fett i. Tr. (30 g)	grün	gelb	gelb
Schmelzkäse, 45 % Fett i. Tr. (30 g)	grün	rot	rot
Tilsiter, 45 % Fett i. Tr. (30 g)	grün	rot	rot
Ziegenkäse, 45 % Fett i. Tr. (30 g)	grün	gelb	gelb
Fleisch, Wurst, Ei (Portionsgröße)			
Hack (50 g)	grün	rot	rot
Roastbeef, Aufschnitt (30 g)	grün	gelb	gelb
Rostbraten (150 g)	grün	rot	rot
Tatar (50 g)	grün	grün	grün
Zunge (100 g)	grün	rot	rot
Salami (30 g)	grün	rot	rot
Schinken, gekocht (30 g)	grün	grün	grün
Speck (30 g)	grün	rot	rot
Weißwurst (60 g)	grün	rot	rot
Wiener Würstchen (60 g)	grün	rot	rot
Ei (1 Stück = 60 g)	grün	gelb	gelb
Fisch, Fischprodukte (Portionsgröße)			
Aal (150 g)	grün	rot	rot
Anchovis ohne Fett (100 g)	grün	gelb	gelb

	Glykämische Last pro Portion	Fett	Gesamturteil
Bachforelle (150 g)	grün	grün	grün
Barsch (150 g)	grün	grün	grün
Bismarckhering (150 g)	grün	gelb	gelb
Brasse (150 g)	grün	grün	grün
Brathering (150 g)	grün	gelb	gelb
Bückling (150 g)	grün	gelb	gelb
Dorsch (150 g)	grün	grün	grün
Felchen (150 g)	grün	grün	grün
Flunder (150 g)	grün	grün	grün
Forelle (150 g)	grün	grün	grün
Garnele (100 g)	grün	grün	grün
Goldbarsch (150 g)	grün	grün	grün
Hecht (150 g)	grün	grün	grün
Heilbutt (150 g)	grün	grün	grün
Hering (150 g)	grün	gelb	gelb
Hering, mariniert (150 g)	grün	gelb	gelb
Kabeljau (150 g)	grün	grün	grün
Karpfen (150 g)	grün	gelb	gelb
Krabben (100 g)	grün	grün	grün
Krebs (100 g)	grün	grün	grün
Lachs (150 g)	grün	gelb	gelb
Lachs, geräuchert (50 g)	grün	gelb	gelb
Lachsforelle (150 g)	grün	grün	grün
Makrele (150 g)	grün	gelb	gelb
Makrele, geräuchert (50 g)	grün	gelb	gelb

	Glykämische Last pro Portion	Fett	Gesamt-urteil
Matjes (150 g)	🟢	🟡	🟡
Miesmuschel (100 g)	🟢	🟢	🟢
Renke (200 g)	🟢	🟢	🟢
Rotbarsch (150 g)	🟢	🟢	🟢
Sardine (200 g)	🟢	🟡	🟡
Schellfisch (150 g)	🟢	🟢	🟢
Schleie (150 g)	🟢	🟢	🟢
Scholle (150 g)	🟢	🟢	🟢
Seehecht (150 g)	🟢	🟢	🟢
Seelachs (150 g)	🟢	🟢	🟢
Seezunge (150 g)	🟢	🟢	🟢
Sprotte (100 g)	🟢	🟢	🟢
Tunfisch (150 g)	🟢	🟡	🟡
Tunfisch, in Öl eingelegt (50 g)	🟢	🟡	🟡
Tunfisch, ohne Öl eingelegt (50 g)	🟢	🟢	🟢
Tintenfisch (100 g)	🟢	🟢	🟢
Zander (150 g)	🟢	🟢	🟢
Fette, Öle, Samen (Portionsgröße)			
Butter	🟢	🔴	🔴
Butterschmalz (30 g)	🟢	🔴	🔴
Cashewnüsse (50 g)	🟢	🟡	🟡
Diätmargarine (10 g)	🟢	🟡	🟡
Distelöl (10 g)	🟢	🟡	🟡
Erdnüsse (50 g)	🟢	🟡	🟡
Erdnussöl (1 EL = 10 g)	🟢	🟡	🟡

	Glykämische Last pro Portion	Fett	Gesamt-urteil
Halbfettmargarine (10 g)	🟢	🟢	🟢
Gänseschmalz (30 g)	🟢	🔴	🔴
Kokosfett (20 g)	🟢	🔴	🔴
Kokosnuss (50 g)	🟢	🔴	🔴
Kürbiskernöl (10 g)	🟢	🟡	🟡
Macadamianüsse (30 g)	🟢	🟡	🟡
Maiskeimöl (10 g)	🟢	🟡	🟡
Mandeln (30 g)	🟢	🟡	🟡
Mayonnaise, 50 % Fett (10 g)	🟢	🔴	🔴
Mayonnaise, 80 % Fett (10 g)	🟢	🔴	🔴
Mohn (20 g)	🟢	🟡	🟡
Olivenöl (10 g)	🟢	🟡	🟡
Palmkernfett (20 g)	🟢	🔴	🔴
Paranuss (50 g)	🟢	🟡	🟡
Pekannuss (50 g)	🟢	🟡	🟡
Pistazienkerne (50 g)	🟢	🟡	🟡
Rapsöl (10 g)	🟢	🟡	🟡
Safloröl (10 g)	🟢	🟡	🟡
Schweineschmalz (30 g)	🟢	🔴	🔴
Sesamöl (10 g)	🟢	🟡	🟡
Sesamsamen (10 g)	🟢	🟡	🟡
Sojaöl (10 g)	🟢	🟡	🟡
Sonnenblumenkerne (10 g)	🟢	🟡	🟡
Sonnenblumenöl (10 g)	🟢	🟡	🟡
Walnusskerne (50 g)	🟢	🟡	🟡

	Glykämische Last pro Portion	Fett	Gesamturteil
Walnussöl (10 g)	grün	gelb	gelb
Weizenkeimöl (10 g)	grün	gelb	gelb
Extras, Fertigprodukte (Portionsgröße)			
Bonbon (1 Stück = 3 g)	grün	grün	grün
Eis			
Fruchteis (50 g)	grün	grün	grün
Milcheis (50 g)	grün	grün	grün
Sahneeis (50 g)	grün	rot	rot
Fruchtzucker (10 g)	grün	grün	grün
Fruchtzucker (30 g)	grün	grün	grün
Gummibärchen (5 Stück = 8 g)	grün	grün	grün
Gummibärchen (20 Stück = 32 g)	rot	grün	rot
Honig (10 g)	grün	grün	grün
Honig (30 g)	gelb	grün	gelb
Kaffee, ungesüßt (200 ml)	grün	grün	grün
Kartoffelchips (50 g)	gelb	rot	rot
Kartoffelpüree (150 g)	gelb	grün	gelb
Kaugummi (1 Stück = 3,3 g)	grün	grün	grün
Ketchup (5 g)	grün	grün	grün
Klare Brühe (250 ml)	grün	grün	grün
Konfitüre, max. 50 % Zuckerzugabe (30 g)	grün	grün	grün
Marmelade, max. 50 % Zuckerzugabe (30 g)	grün	grün	grün
Milcheis (50 g)	grün	grün	grün
Nougat (30 g)	grün	gelb	gelb
Nuss-Nougat-Creme (20 g)	grün	gelb	gelb
Fertigpizza mit Käse (200 g)	rot	rot	rot
Pommes frites (in Fett ausgebacken) (150 g)	rot	rot	rot
Popcorn, salzig (20 g)	grün	grün	grün
Popcorn, salzig (30 g)	gelb	grün	gelb
Reiskräcker (30 g)	rot	grün	rot
Schokolade			
Milchschokolade (50 g)	gelb	rot	rot
Weiße Schokolade (50 g)	gelb	rot	rot
Senf (2 g)	grün	grün	grün
Zucker (Haushaltszucker) (10 g)	grün	grün	grün
Zucker (Haushaltszucker) (20 g)	gelb	grün	gelb
Zucker (Haushaltszucker) (30 g)	rot	grün	rot

Adressen, die weiterhelfen

Deutsche Gesellschaft für Ernährung e. V.
Godesberger Allee 18
53175 Bonn
www.dge.de

Österreichische Gesellschaft für Ernährung
Zaunergasse 1–3
1030 Wien
E-Mail: info@oege.at
www.oege.at

Schweizerische Gesellschaft für Ernährung
Effingerstr. 2
Postfach 8333
3001 Bern
E-Mail: info@sge-ssn.ch
www.sge-ssn.ch

Verband für Unabhängige Gesundheitsberatung e. V.
Sandusweg 3
35435 Wettenberg/Gießen
E-Mail: info@ugb.de
www.ugb.de

Verein für Unabhängige Gesundheitsberatung
Seewadelstraße 7c
CH-8444 Henggart
E-Mail:
ugb.schweiz@bluemail.ch
www.ugb.ch

Verein für Unabhängige Gesundheitsförderung
Unterstr. 253 B
A-6416 Obsteig
E-Mail: ugb@smidt.at

Stiftung Warentest
Lützowplatz 11–13
10785 Berlin
www.stiftung-warentest.de

Verbraucher Initiative e.V. (Bundesverband)
Elsenstr.106
12435 Berlin
www.verbraucher.org

Verbraucherzentrale Bundesverband e.V. (VZBV)
Markgrafenstr. 66
10969 Berlin
E-Mail: info@vzbv.de
www.vzbv.de

Internet-Adressen, die weiterhelfen

www.5amTag.de
www.was-wir-essen.de
www.verbraucherministerium.de
www.aid.de
www.glycemicindex.com
www.richtigfit.de

M.O.B.I.L.I.S
Sportmed. Schulungsprogramm Adipositas
www.mobilis-project.de

Bücher, die weiterhelfen

Biesalski, H. K. et al.: Ernährungsmedizin. Georg Thieme Verlag, Stuttgart

Brand-Miller, J. et al.: The New Glucose Revolution. Marlowe & Company, New York

Geiß, K.-R.; Hamm, M.: Handbuch Sportlerernährung, Rowohlt Verlag, Hamburg

Hamm, M.: Fit, gesund und schlank mit dem GLYX. Dauerhaft abnehmen mit den richtigen Kohlenhydraten. Droemer Knaur Verlag, München

Hamm, M.: Knaurs Handbuch Ernährung. Droemer Knauer Verlag, München

Kopp, W.; Begusch, B.: Essen Sie sich schlank! Abschied vom Jo-Jo-Effekt. Schlank-und-Gesund-Verlag, Graz

Pape, D.; Schwarz, R.; Gillessen, H.: Satt schlank gesund. Das Ernährungs-Praxisbuch nach dem Insulinprinzip. Deutscher Ärzte Verlag, Köln

Trunz, E.; Hamm, M.: Style your body. Midena Verlag, München

Wechsler, J. G.: Adipositas. Ursachen und Therapie. Georg Thieme Verlag, Stuttgart

Willett, W.: Eat, Drink and Be Healthy. Simon & Schuster, New York

Bücher aus dem GRÄFE UND UNZER VERLAG

Hamm, M.; Bohlmann, F.: Die Ideal-Diät

Bromm, D.: Low Fat

Casparek, P.: Backen für Diabetiker

Das große GU Koch- und Backbuch für Diabetiker

Das große GU Low Fat Buch

Elmadfa, I. et al.: Die große GU Nährwert Kalorien Tabelle 2005/2006

Fritsche, D.: Diabetes

Hederer, M.: Laufen zum Abnehmen

Klevers Kompass Kalorien & Fette

Kühn, D.: Abnehmen für Kinder

Kuhner, C.: Superbody mit Pilates

Rüdiger, M.: Bauch, Beine, Po

Wade, J.: Fatburner, Das Fitness-Programm

Wade, J.: Das neue Bodystyling (mit CD)

Die Autoren

Professor Dr. Michael Hamm
ist Ernährungswissenschaftler. Neben seiner Hochschullehrertätigkeit in Hamburg ist er vor allem als Referent und Buchautor bekannt. Er berät die Zeitschrift »Fit for Fun« bei Ernährungsthemen und ist bekannt für die Entwicklung effektiver Diät-Programme. Professor Hamm engagiert sich in zahlreichen Arbeitskreisen und Gremien für das Thema Sport- und Fitnessernährung sowie für die Prävention und Behandlung von Übergewicht durch Ernährung und Sport.

Friedrich Bohlmann
ist Ernährungswissenschaftler. Er arbeitet als Ernährungsberater, Buchautor, Fachjournalist für verschiedene Zeitschriften sowie als Ernährungsexperte in Fernsehsendungen. Ihm liegt am Herzen, aktuelle Ernährungsinformationen interessant und verständlich zu vermitteln, um den Menschen beim Essen und Trinken mehr Verständnis und Vertrauen zu verschaffen.

Rezeptregister

DER IDEALE WEG ZUR TRAUMFIGUR

... ganz einfach abnehmen

ISBN 3-7742-6035-4

Die Diät mit Gelinggarantie:

- Schlank werden mit dem Ampelprinzip: von Grün (Super-Schlank-Rezepte) bis Rot (erlaubte Sünde)
- Kein Kalorienzählen, kein Jo-Jo-Effekt
- Von Testpersonen erfolgreich durchgeführt – die ideale Form der Ernährungsumstellung

G|U

Gutgemacht. Gutgelaunt.

Impressum

Programmleitung: Doris Birk

Leitende Redakteurin:
Birgit Rademacker

Redaktion: Tanja Dusy

Lektorat: Maryna Zimdars

Korrektorat: Mischa Gallé

Gestaltung und Layout:
Independent Medien Design, München

Herstellung:
Susanne Mühldorfer

Satz: Knipping Werbung GmbH, München

Reproduktion:
Fotolito Longo, Bozen

Druck und Bindung:
Printer, Trento

Fotos
Foodfotografie:
Studio L'EVEQUE, München
Harry Bischof (Foodfotografie)
Tanja Major (Styling)
Peoplefotografie:
Nicolas Olonetzky
Make-up
Meike Heidorn c/o: www.artistgroupmierau.com using Yves Saint Laurent
Stefanie Müller c/o: www.artistgroupmierau.com using Yves Saint Laurent
Shannah Pryatel for YSL, Agentur Phoenix, München
Styling
Nicola Berger, Agentur Phoenix, München
Anni Flessa, Agentur Phoenix, München
Jacqueline Weber, Agentur Phoenix, München
Titelbild: zefa

Wichtiger Hinweis
Die Gedanken, Methoden und Anregungen in diesem Buch stellen die Meinung bzw. Erfahrung der Verfasser dar. Sie wurden von den Autoren nach bestem Wissen erstellt und mit größtmöglicher Sorgfalt geprüft. Sie bieten jedoch keinen Ersatz für kompetenten medizinischen Rat. Jede Leserin, jeder Leser sollte für das eigene Tun und Lassen auch weiterhin selbst verantwortlich sein. Weder Autoren noch Verlag können für eventuelle Nachteile oder Schäden, die aus den im Buch gegebenen praktischen Hinweisen resultieren, eine Haftung übernehmen.

DAS ORIGINAL · G|U · MIT GARANTIE

Das Original mit Garantie

Ihre Meinung ist uns wichtig.
Deshalb möchten wir Ihre Kritik, gerne aber auch Ihr Lob erfahren, um als führender Ratgeberverlag für Sie noch besser zu werden.
Darum: Schreiben Sie uns!
Wir freuen uns auf Ihre Post und wünschen Ihnen viel Spaß mit Ihrem GU-Ratgeber.

Unsere Garantie: Sollte ein GU-Ratgeber einmal einen Fehler enthalten, schicken Sie uns bitte das Buch mit einem kleinen Hinweis und der Quittung innerhalb von sechs Monaten nach dem Kauf zurück. Wir tauschen Ihnen den GU-Ratgeber gegen einen anderen zum gleichen oder einem ähnlichen Thema um.

Ihr GRÄFE UND UNZER VERLAG
Redaktion Kochen & Verwöhnen
Postfach 86 03 25
81630 München
Fax: 089/41981-113
E-Mail: leserservice@graefe-und-unzer.de

ISBN: 3-7742-6780-4

Auflage	4.	3.	2.	1.
Jahr	2007	2006	2005	2004

GRÄFE UND UNZER

Ein Unternehmen der
GANSKE VERLAGSGRUPPE